Florian Kobler
INGE

Florian Kobler

INGE

Bomben, Schmuck und Strümpfe

Eine Familiengeschichte
zwischen Gablonz und Steyr

freya

ISBN: 978-3-99025-471-4
© 2023, Freya Verlag GmbH
Alle Rechte vorbehalten
www.freya.at
Cover/Layout: freya_art
Lektorat: Mag. Dorothea Forster

printed in EU

Inhalt

FREUND UND FEIND..... 8
1938..9
KRIEG UND FLUCHT..... 26
1939..27
1940..35
1941.. 41
1942..49
1943..55
1944..63
1945..85
1946.. 129
SCHMUCK UND STRÜMPFE..... 150
Ab 1947..151
LEBEN UND TOD..... 174
Bilder...190
Landkarte.....................................198

Damals war es notwendig.
Du hast nicht daran gedacht,
dass es dich Kopf und Kragen kosten könnte.
Es musste sein, damit du weiterleben kannst.
Aber lass' mich von vorne erzählen.
So, wie ich es in Erinnerung habe.

INGE (93)

Freund und Feind

1938

Ich heiße Ingeborg. Ein ungewöhnlicher Name für eine Zwölfjährige. „Inge, borg' mir mal den Bleistift!" – Selbst mein Klassenlehrer macht sich einen Spaß daraus. Meine Freundinnen in der Mädchenbürgerschule dürfen mich deshalb nur Inge nennen. Aber selbst das hilft kaum: Susi wettet, dass mich jeder Brief findet, wenn sie nur *Inge* und *Europa* draufschreibt.

Im Herbst ändert sich alles. Wir bekommen neue Schülerinnen in die Klasse, darunter eine zweite Inge. Nach einem Diktat bringe ich mein Heft nach vorne. Die Direktorin sieht mich enttäuscht an und schimpft leise: „Inge, von dir hätte ich das nicht erwartet!" Was habe ich getan?

In der Pause erzählt mir Susi unter Tränen, dass sie angestänkert worden ist. Von der anderen Inge. Weil sie Jüdin ist. Alle haben weggeschaut.

Da fällt der Groschen! Die Direktorin muss das gehört und uns verwechselt haben. Die Eltern der anderen Inge sind Judenhasser, alle wissen das. Wütend marschiere ich in die Direktion und stelle klar: „Meine Familie und ich sind Österreicher. Wir dürfen uns politisch nicht betätigen."

***

„Bist du wahnsinnig? So etwas kannst du doch nicht sagen!" Vater schlägt beim Abendessen mit der Faust auf den Tisch. „Rudolf, lass' es gut sein", versucht Mutter zu beruhigen. Aber Vater ist nicht zu bremsen: „Wegen eines blöden Wortes lass' ich mich nicht ausweisen." Wir sprechen zuhause nie über Politik.

„Darf ich noch Brot haben?" Meine Schwester Edith ist zwei Jahre älter – und gescheiter als ich. Vater holt einen frischen Laib Brot aus der Küche, macht mit dem Daumen ein Kreuzzeichen darauf und schneidet ihn an.

Vater war Bäcker, als er vor 20 Jahren noch in Wien gelebt hat. Den Beruf hatten seine Eltern ausgesucht – denn wenn der Bub Brot backen kann, hat er wenigstens was zu essen. Die Zeiten waren schlecht, der Hunger groß. Dann war Krieg. Vater hat im Großen Krieg mit den Tiroler Kaiserschützen am Isonzo gekämpft. Ein Bild in der Küche zeigt ihn, mit Orden dekoriert, auf einem Pferd. Er hat immer davon erzählen wollen, aber uns hat das nicht interessiert.

Nach dem Krieg sind Vaters Eltern gestorben und seine Geschwister in alle Richtungen ausgeschert. Eine seiner drei Schwestern ist nach Gablonz gegangen, in den Norden von Böhmen. Das ist eine deutsche Stadt, seit Kriegsende haben aber die Tschechen das Sagen. Auch Vater wollte in Gablonz Arbeit suchen. Gefunden hat er Marie, meine Mutter. Sie hat bei ihren Eltern in einer Fleischerei und Gastwirtschaft gearbeitet. Vater hat seinen Wiener Charme spielen lassen: Bei einem Spaziergang hat er seine Jacke auf den Boden gelegt, damit Mutter nicht in eine Lacke steigen muss.

Bei der Hochzeit hat Vater darauf bestanden zu bleiben, was er ist: „Und das ist Österreicher." Dadurch sind auch Mutter, Edith und ich Österreicherinnen – in einer deutschen Stadt, die von Tschechen verwaltet wird.

Viele hier hoffen auf Hitler und den Anschluss ans Deutsche Reich. Den Tschechen gefällt das nicht: Am Heimweg von der Volksschule sind mir einmal tschechische Gendarmen mit ihren graugrünen Uniformen, Pickelhauben und Gewehren entgegengekommen. Direkt vor unserer Tür hat einer seine Hose heruntergezogen und mir seinen nackten Hintern gezeigt. Die anderen haben gejohlt und applaudiert. Sie haben geglaubt, ich bin ein deutsches Mädel. Dabei bin ich Österreicherin!

***

Unsere Wohnung in der Herbstgasse ist im ersten Stock und besteht aus einer Küche mit Esstisch und einem Schlafzimmer. Wir verwenden das Gemeinschaftsklo und den Wasseranschluss am Gang. Sonntags tragen Edith und ich die Holzbadewanne aus dem Keller hinauf in die Wohnung. Zum Glück dürfen wir vor den Eltern hinein, denn das Wasser bleibt dasselbe.

Mit Vater und dem Wasser ist das so eine Sache. Er hat beim Bau der neuen Wasserleitung mitgearbeitet und für das Quellwasser Felsen im Isergebirge gesprengt.

Für ihn ist nicht Quarz oder Holz der wichtigste Rohstoff der Region. Es ist das Wasser. Weil es so sauber ist, gibt es bei uns so viele Glashütten und Glasdrucker. In Familienbetrieben stellen tausende Arbeiter Broschen und Ketten her. Wegen der Bijouterie blüht die Stadt auf, Vater baut jeden Tag neue Straßen und Gehsteige.

Frisch gebadet gehen wir schlafen. Ich habe ein richtiges Bett, das tagsüber abgedeckt als Sofa dient. Edith schläft im Klappbett, das sie abends von der Wand ziehen muss. Über dem Bett der Eltern hängt ein großes Marienbild mit Jesuskind. Wir sind katholisch, gehen aber kaum noch in die Kirche – wegen der Politik. Zumindest ein goldenes Ketterl mit Kreuz trage ich noch um den Hals. Das habe ich von meiner Firmpatin Margit bekommen. Sie betreibt mit ihrem Mann Josef ein elegantes Lederwarengeschäft mit altrosa Möbeln. Dort möchte ich auch einmal arbeiten.

***

Edith und ich fahren oft mit unseren Rollern einkaufen. Beim Kolonialgeschäft kleben wir am Schaufenster und bestaunen die Zuckerstangen in allen Farben, das alte Sauerkrautfass und die Salzgurken. Zu besonderen Anlässen schickt uns Mutter zum Delikatessengeschäft, um Pressbananen und getrocknete Sackfeigen zu kaufen. Manchmal erlauben wir uns einen Spaß und bestellen Backpfeifen statt Sackfeigen. Wenn Mutter davon erfährt, schimpft sie: „Euch haben wohl die Zigeuner im

Trab verloren!" Edith ärgert dieser Spruch. Sie hat lange geglaubt, die Eltern hätten sie wirklich bei der kleinen Steinmauer beim Viadukt aufgesammelt.

Mutter ist gewissenhaft und streng. Sie hat während des Krieges als Kindermädchen bei einem edlen Herrn in Ungarn gearbeitet, weil es dort mehr zu essen gegeben hat. Zuhause wäre sie langsam verhungert. Sie lässt Edith und mich im Haushalt fest mitanpacken. Wenn wir nicht folgen, riskieren wir Ohrfeigen, Scheitelknien und Hausarrest. Dafür bringt uns Mutter viel bei, etwa Schwimmen und Eislaufen. An Wochenenden und Feiertagen zaubert sie herrliche Sauerbraten und Apfelstrudel auf den Tisch. Sonst sind es sparsame, aber kräftige Gerichte wie Würstel, Kartoffelpuffer oder Semmel- und Zwetschkenknödel. Vater muss gut essen, sagt Mutter, weil er so schwer arbeitet.

Vor ein paar Jahren haben wir nur Daumen und Zeigefinger am Brot gehabt – und auch so ausgeschaut. Die Eltern haben Edith deshalb statt in die Volksschule für ein Jahr nach Prag geschickt, damit sie dort aufgepäppelt wird. Sie hat bei Onkel Peppi und Tante Jarmila gewohnt. Die beiden leben in einem Pförtnerhaus neben einer Villa und verdienen als Krankenpfleger und Weißnäherin gut.

Offiziell ist Edith nach Prag gegangen, um ordentlich Tschechisch zu lernen. Das würde ihr später einmal im Beruf helfen, haben die Eltern gesagt. Edith hat tatsächlich viel gelernt, weil Tante Jarmila eine echte Tschechin ist und fast kein Deutsch kann. Edith ist dort in eine tschechische Volksschule gegangen und hat nur tschechische Freundinnen gehabt. Ihr hat es in Prag gefallen. Erst ein paar Wochen vor Schulschluss ist sie nach Hause gekommen. Um die Klasse zu bestehen, hat sie alle Prüfungen auf Deutsch nachholen müssen. Aber Edith ist gescheit.

Ein Jahr darauf bin auch ich nach Prag gegangen, „um mein Tschechisch zu verbessern". Nach kurzer Zeit habe ich Mutter vermisst und mich geweigert, weiter in die fremde Schule zu gehen. Ich kann da sehr stur sein. Schon als Dreijährige haben mich keine zehn Pferde in den Kindergarten gebracht. Mutter hat mich zuhause lassen müssen. Meine Zeit in Prag ist nach einem Monat wieder zu Ende gewesen.

***

„In Gablonz an der Neiße, da lag ein Packerl Scheiße. Da kam der kleine Novak, der dachte, es wär' Tobak!" Die deutschen Schüler grölen in der Gasse den Tschechen hinterher. Edith und ich verstehen uns mit den meisten gut, weil wir in der gemischten Volksschule waren. Tschechisch war ein Pflichtfach. Wir haben Bücher wie „Emil und die Detektive", Grimms Märchen, den „Struwwelpeter" und die „Rübezahl"-Sagen auf Tschechisch gelesen. Wenn wir Mutter und Vater etwas verheimlichen wollen, sprechen Edith und ich noch immer Tschechisch.

Nach der Volksschule sind wir mit den tschechischen Kindern im Winter Schlitten gefahren und im Sommer zur Talsperre schwimmen gegangen. Auf den Feuchtwiesen haben wir uns gegenseitig Molche hinten in den Kragen gesteckt. Edith hat einmal einen smaragdgrünen Laubfrosch im Gurkenglas mit nach Hause genommen. Sie hat ihn täglich mit frischem Wasser und Gräsern versorgt und eine Leiter für ihn gebastelt. Erst nach Tagen hat sie das arme Luder wieder freigelassen.

Die Bürgerschule ist getrennt. Ich gehe in die rein deutsche Mädchenschule und die Tschechen in ihre Schule am Stadtrand. Trotzdem laufen wir uns über den Weg oder warten im Gasserl aufeinander. Dann gibt es Rabatz. Wir jagen und prügeln uns, bis alle erschöpft sind und jemand fragt: „Und? Was machen wir am Nachmittag?"

Manchmal laufen wir alle in der Straßenbahn gleichzeitig von einer Seite auf die andere. Da kommt der Beiwagen ganz schön ins Schwanken. „Raus mit euch!", brüllt dann der Schaffner. Nach dem Unterricht streunen wir beim Neuen Rathaus herum und versuchen, unbeobachtet in den Paternoster zu huschen. Jede Runde ist ein Abenteuer. Unten springen wir aus den Aufzugskabinen und laufen an der Portierloge vorbei ins Freie. „Halt!", brüllt uns der Portier nach, „Ich kenne eure Väter! Deiner arbeitet am Rathaus, deiner am Bauhof!"

***

„Gablonz hat das beste Theater!" Onkel Edi muss es wissen. Als Theaterfriseur schneidet er die Haare von berühmten Schauspielern wie Paul Hörbiger oder Maxi Böhm – und von Edith und mir. Wir wünschen uns immer die gleiche Frisur: einen Seitenscheitel mit Spangerl. Edi meint, dass unsere Haare so schön braun sind wie unsere Augen. In den Sommermonaten besuchen wir ihn oft. Die zwölf Kilometer nach Reichenberg sind eine schöne Wanderung durch den Wald. Am Weg wachsen Schwammerl, Stachelbeeren und Ribiseln. Überall riecht es nach Feldthymian und Waldblumen.

Edi wohnt mit Tante Hanni und unserer Cousine Irene in einem uralten Holzhaus – ein Knusperhaus wie in „Hänsel und Gretel", nur ohne Lebkuchen. Tante Hanni wäre dann wohl die Hexe. „Seid nicht so laut, ich hör' nicht, was ich lese", schimpft sie, wenn wir mit Edi über das Theater sprechen. Edith und ich gehen manchmal in Sonntagsmatineen und Abendvorstellungen auf Stehplatz – mehr können wir uns nicht leisten. Mutter können wir nie überreden mitzukommen.

Im Innenhof trällere ich vergnügt „Aida" und „Wilhelm Tell". Der Hausbesitzer hört mich und redet Vater zu, mich in die Singschule zu schicken. Das ist ein Chor mit 30 Mädchen. Obwohl das viel Geld kostet, ist Vater einverstanden – weil das Singen unpolitisch ist.

***

„Von einem Brot unterm Arm können wir nicht leben!" Vater und Mutter streiten in der Küche. Das Bauamt hat Vater mit den ersten Schneeflocken nach Hause geschickt. Sie können ihn nicht brauchen, solange draußen alles gefroren ist. Die Eltern haben das ganze Jahr gespart, um über den Winter zu kommen. Trotzdem wird es nicht leicht. Von der Arbeitslosen bekommt Vater nur vierzig Kronen, zwei Lebensmittelkarten und einen Laib Brot. Das genügt nicht. Andere gehen ins Deutsche Reich, um beim Bau der Autobahn zu helfen. Vater will das nicht.

„Wie viele Broschen sind es noch?" Mutter nimmt jetzt Heimarbeit an. Jede Woche bringt sie Schachteln voll Broschen mit nach Hause, die sie mit Edith und mir am Esstisch unter der schummrig leuchtenden Lampe fertigstellt. Die Aufträge müssen schnell erledigt werden. Wir bepinseln die Broschen mit Kitt, setzen winzige Glassteine in Fassungen und biegen die Krampen um. Gute Augen und geschickte Frauenhände sind gefragt. Kinderhände haben es noch leichter, spornt uns Mutter an. Die Steine müssen alle schön gerade sein und gut sitzen. Wenn alles getrocknet ist, verpackt Mutter die fertigen Broschen und bringt sie zurück. Die meisten werden sofort ins Ausland verkauft. Viel bekommt Mutter dafür nicht. Trotzdem ist die Arbeit in Gablonz begehrt: Jeder weiß, wie sich Hunger anfühlt – und kann die paar Kronen brauchen.

***

Seit ich denken kann, war Vater unpolitisch. Jetzt rollt er eine Hakenkreuzfahne aus. Er hat sie vom österreichischen Konsulat für die Wohnung bekommen. „Bald sind wir keine Österreicher mehr." Vater fürchtet um seinen Arbeitsplatz. Die Tschechen wollen am Rathaus keine Deutschen einsetzen.
Vater öffnet das Fenster und hisst die Fahne. Auf der Straße treffe ich unseren alten tschechischen Briefträger. Sein Gesicht wird kreidebleich, als er sie im Wind wehen sieht.

Vater bekommt ein Schreiben. Wir sollen nach Zittau fahren, um für den Anschluss Österreichs an das Deutsche Reich zu stimmen. Es ist alles organisiert: die Reise mit dem Zug, die Verpflegung und die Unterkunft. Edith und ich freuen uns, dass wir ins Ausland fahren dürfen. Das wollen wir uns nicht entgehen lassen!
Die Wahl in Zittau ist sofort erledigt. In den offenen Kabinen war nur ein Kreuzerl zu machen, erzählt Vater. Männer haben ihm über die Schulter geschaut, damit er den Zettel richtig ausfüllt.
Österreich wird zur Ostmark und die Gablonzer hoffen, dass Hitler auch das Sudetenland „heim ins Reich" holt. Deutsch und Deutsch soll zusammengehören. Mich kümmert das wenig. Die Sonne scheint, es sind Ferien und ich möchte zur Talsperre schwimmen gehen. Am Weg läute ich bei Ralfis Wohnung, vielleicht möchte er mitkommen. Doch Ralfi ist auf Urlaub, erklärt seine Mutter. Noch immer? Ihr kommen die Tränen. Sie gibt mir ein Stück Schokolade und schließt die Tür.

Ich beneide Ralfi. Seine Eltern haben als Juden genug Geld, um einen Urlaub bezahlen zu können. Für Edith und mich ist Urlaub ein Fremdwort. Wir kennen nur Ausflüge. Früher hat die österreichische Botschaft kleine Wanderungen organisiert. Edith und ich haben seither einen Reisepass, waren in Annaberg bei Mariazell auf Erholung und am Hochkönig bergsteigen. Die Eltern sind zuhause geblieben, um zu arbeiten.

***

„Wir müssen weg!" Die Deutschen werden im Sudetenland einmarschieren. Wenn sich die Tschechen wehren, gibt es Zusammenstöße, Krieg – und die Grenze ist zu, sagt Vater. Wir sollen sofort das Land verlassen. Vater holt die Koffer. „Schnell, wir haben nur eine Stunde!" Wir sperren die Wohnung ab und laufen zum Bahnhof.

Viel haben wir nicht dabei – jeder einen Koffer mit Kleidern, Mantel, Schuhe, Geld und den Reisepass. Mutter hat in der Aufregung statt Handtüchern einen Stoß Taschentücher eingepackt. Es ist alles organisiert, aber wohin die Reise geht, wissen wir nicht. Die Züge sind gesteckt voll. Zwei Tage lang sind wir unterwegs. Die erste Nacht verbringen wir in Zittau, wo uns bei einer fremden Familie ein Zimmer zugeteilt wird. In der Früh fahren wir weiter über Leipzig nach Jena in Thüringen. Dort werden wir mit anderen Familien in der Landwirtschaftsschule untergebracht. Solange Sommerferien sind, dürfen wir bleiben. Falls sich die Lage im Sudetenland nicht beruhigt, auch länger. Dann wird der Unterricht ausgesetzt.

Das Essen ist streng eingeteilt. Es gibt weder Butter noch Margarine. Seltsam, sowas bekommen wir in Gablonz doch an jeder Ecke. Wir kriegen Brot und Hering. So ein Fraß.

„Schau mal, da ist Irene!" Unsere Cousine ist mit Tante Hanni und Onkel Edi ebenfalls in der Schule untergebracht. Während die Erwachsenen die Lage besprechen, erkunden wir unser neues Zuhause. Im Garten der Landwirtschaftsschule versuchen wir, noch unreife Äpfel zu pflücken. „Finger weg!", brüllt uns der Schulverwalter an. „Die Renetten werden verkauft!" Hier sind alle so gierig. Für die Thüringer sind wir unerwünschte Fremde.

„Ein Theaterfriseur kennt in jeder Stadt jemanden." Onkel Edi überredet einen Fleischer in Thüringen, Irene aufzunehmen. Schon bald kann auch Edith bei ihm einziehen. Sie müssen zwar im Haushalt helfen, bekommen dafür aber besseres Essen. Ich will auch arbeiten, bin aber noch zu jung und muss bei den Eltern bleiben. Die Zeit will nicht vergehen und unser Geld wird täglich weniger. Wo ist denn jetzt dieser Krieg, auf den alle warten?

Im Oktober marschieren die Deutschen widerstandslos im Sudetenland ein. Wir packen unsere Sachen und fahren nach Hause in unser geliebtes Gablonz. In der Heimat herrscht Feierstimmung. Endlich sind wir befreit, die Unterdrückung hat ein Ende, jubeln die deutschen Gablonzer. Trotzdem soll sich niemand an den Tschechen rächen, mahnt der Bürgermeister. „Wir wollen unsere Heimatstadt dem neuen Vaterland und seinem Führer erhobenen Hauptes zuführen." Unser Grenzgebiet heißt jetzt Reichsgau Sudetenland. Vor dem Neuen Rathaus gibt es einen Adolf-Hitler-Platz, beim Lederwarengeschäft die Straße der SA und der Hausbesorger hat eine Hakenkreuzfahne für das ganze Haus gehisst.

***

„Tscheche, was willst du am Gehsteig? Runter mit dir!" An jeder Ecke stehen deutsche Soldaten. Sie greifen Tschechen auf, die noch nicht in den Osten geflohen sind und schicken sie zur Zwangsarbeit in Rüstungsbetriebe. Vater muss für Militärübungen in die Kaserne nach Reichenberg einrücken. Edith versteht nicht, warum alle vom Führer und seiner Gefolgschaft so begeistert sind. Sie findet diese Leute gruselig. Besonders der „Heil Hitler"-Gruß geht ihr gegen den Strich. Ich hingegen freue mich. Ich darf zu den Jungmädels und endlich Sport machen! In die Turnvereine hat mich Vater nie gehen lassen, weil sie politisch waren.

***

„Wo ist Susi? Wo sind die anderen Jüdinnen?" Ich zähle fünf leere Stühle in der Klasse. „Die sind nicht mehr da", sagt die Lehrerin und unterrichtet einfach weiter. Am Heimweg sehe ich, dass der Kuhjude sein Geschäft geschlossen hat. Der Besitzer hat mit Familiennamen Kuh geheißen. Auch Ochs und Katz hat es in der Stadt gegeben. Die sind alle weg. Der Kuhjude hat als Einziger in Gablonz die Kronen Zeitung verkauft. Vater hat uns ein Mal pro Woche losgeschickt, um eine Ausgabe zu holen. Das Revolverblatt ist zwar immer zwei Tage verspätet aus Wien gekommen, aber Vater hat auf dem Laufenden bleiben wollen, was sich in seiner Heimat tut. Danach haben wir die Krone in Streifen geschnitten und als Klopapier verwendet. Unsere Popos sind das gewöhnt. Auch in der Schule wischen wir uns den Hintern mit Zeitung ab.

Die Klassenlehrerin teilt weißes Papier und Klebstoff aus. Wir müssen in unseren Schulbüchern alle Texte jüdischer Dichter überkleben. Hirnrissig! Falls wir Bücher von Juden zuhause haben, sollen wir sie in der Schule abgeben, damit sie verbrannt werden können.

In Gablonz sind wegen des Schmucks viele Juden gewesen – Einkäufer, Händler und Kaufleute. Jetzt stehen andere in ihren Geschäften. Den Laden vom Kuhjuden soll ein Tscheche übernehmen. Die deutschen Weiber in der Klasse hänseln mich, weil Susi meine Freundin gewesen ist und ich mit dem Ralfi-Juden schwimmen gegangen bin. Mutter sagt, er ist noch bei gutem Wind rausgekommen.

***

„Warst du beim Judentempel?" In der Pause wird getuschelt. Die Deutschen haben den Tempel mit den schönen Kuppeln in der Goethegasse angezündet. Ich bin auf den Zaunpfahl geklettert, um einen Blick auf das Feuer zu erhaschen. Aber ich hab' nichts gesehen.

Irgendwer will gehört haben, dass sie einem Juden ein „Saujude"-Plakat umgehängt und ihn zum brennenden Tempel gestoßen haben. Da hat die Orgel plötzlich zu spielen begonnen und alle sind zusammengeschreckt. Der Jude aber ist auf und davon.

Die wenigen Juden, die noch in der Stadt sind, können sich eine Flucht nicht leisten oder sind zu alt. Auf der Gebirgsstraße sehe ich, wie deutsche Pinsel den Juden vom Schuhgeschäft die Stufen zur Mozartstraße hinaufjagen und ihm zwei Knoblauchzehen in die Nase stecken. Er heult Rotz und Wasser. Aber was soll ich tun? Wenn ich etwas sage, verprügeln sie mich. Einmal bin ich mit Mutter in Reichenberg spazieren gewesen. Wir haben uns Schaufenster angeschaut und ein Deutscher hat uns angeschrien: „Kaufen Sie hier nicht, das sind Juden!" Wir haben uns eh nicht getraut.

Die Eltern durchwühlen jede Lade in der Wohnung. Sie suchen nach Dokumenten für einen Ahnenpass. Staatsbürger kann nur sein, wer Volksgenosse ist, sagt die NSDAP. Und „Volksgenosse kann nur sein, wer deutschen Blutes ist, ohne Rücksichtnahme auf Konfession. Kein Jude kann daher Volksgenosse sein."

„Hat nicht der Urgroßvater aus Ungarn Moses geheißen?", frage ich Mutter besorgt. Ich bekomme keine

Antwort. Vater ärgert sich, weil es über seine Vorfahren keine Unterlagen gibt. Seine Großeltern mütterlicherseits haben östlich von Brünn gelebt und sind während des Krieges an der Grippe gestorben. Niemand weiß, wer deren Wohnung ausgeräumt hat.

Noch brauchen wir keinen Ariernachweis, weil die Eltern als unauffällig gelten und Arbeit haben. Vater mahnt trotzdem: „Kinder, ihr dürft mit niemandem darüber sprechen."

***

Zu Nikolaus beginnt es zu schneien und zu Ostern hört es wieder auf. Die Winter in Gablonz sind streng und lang. Dafür haben Edith und ich viel Zeit, uns die Kufen anzuschnallen und am zugefrorenen Stausee bei der Talsperre Runden zu drehen.

Wenn Paarlaufen stattfindet, sind wir lieber am Eislaufplatz und liebäugeln mit den Buben. „Gestatten bitte?" Wenn uns jemand auffordert, reichen wir uns die Hände und fahren zusammen eine Runde bei Musik und Licht. Nach jedem Lied bedanken wir uns artig, gehen auseinander – und warten auf den nächsten.

Gablonz besteht fast nur aus Bergen und Tälern. Viele Wege sind zu steil für Autos und Fuhrwerke. Wir können also direkt vor der Haustür Ski- und Schlittenfahren. Edith ist ein Hausmütterchen. Sie sitzt oft lieber in der Wohnung, um zu häkeln und zu stricken. Ich aber hole meine Bretter aus dem Keller und stapfe auf den nächsten Hügel. Wir haben unsere Ski zu Weihnachten bekommen. Unsere Eltern haben sich dafür mit den Nachbarn zusammengetan und dem Skierzeuger aus dem Adlergebirge eine Sammelbestellung geschickt. Das war viel günstiger, als sie im Geschäft zu kaufen. Tagelang bin ich herumgezappelt und hab' auf den Postboten gewartet. Kurz vor Heiligabend hat er sie endlich zugestellt. Es sind schöne Ski aus Holz, mit Riemen für die Schuhe.

***

Ein Bekannter aus dem Rathaus warnt Vater vor dem nächsten Krieg. Mutter kauft Reis, Haferflocken und Nudeln auf Vorrat und Vater besorgt ein Saba, ein ordentliches Radio. Ein Volksempfänger kommt für ihn nicht infrage.
Heuer will keine Weihnachtsstimmung aufkommen. Wir trinken Kaffee und russischen Tee und beten gemeinsam am festlich gedeckten Tisch. Nach dem Essen gehen wir in die Christmesse. Ich war schon lange nicht mehr in der Kirche.
Am Rückweg bewundern wir in den Schaufenstern den Gablonzer Christbaumschmuck. Mutter hat seit Monaten keine Heimarbeit mehr bekommen. Den Schmuckerzeugern fehlt es an Aufträgen aus dem Ausland. Hitler hat die Grenzen geschlossen. Das bisschen Ersparte legt Mutter zu Silvester unter die Tischdecke. Sie hofft auf Glück für das kommende Jahr. „Das können wir brauchen."

Krieg und Flucht

1939

Im März 1939 liegt der Schnee meterhoch. Es stürmt und schneit so stark, dass Bäume umstürzen. Ein Arbeiter der Redlhammer-Fabrik ist am Heimweg erfroren. Gerade jetzt lässt Hitler die Wehrmacht in die Rest-Tschechei einmarschieren. Wieder gibt es kaum Widerstand. Die deutschen Truppen kommen trotzdem nur schleppend voran, weil sie mit ihren Fahrzeugen im Schnee stecken bleiben. Also holen sie uns Mädchen jeden Vormittag zum Schneeschaufeln aus der Schule. Ich friere und kann die schwere Metallschaufel kaum halten. Aber es gibt kein Pardon. Selbst die Leute vom Rathaus müssen auf die Straße schaufeln gehen. Auf manchen Straßen liegt der Schnee so hoch, dass die Berge größer sind als ich. Stundenlang befördern wir Schnee an den Straßenrand, bis der Pferdeschneepflug durchkommt. Soldaten schaufeln Berg für Berg auf die Ladefläche der offenen Lastwaggons der Straßenbahn. Die bringt den Schnee zur Neiße und kippt ihn auf das zugefrorene Flussbett.

Als Prag eingenommen ist, will der Führer anreisen. Die Bevölkerung soll die Häuser mit Hakenkreuzfahnen beflaggen. In der Zeitung steht, dass die Menschen stundenlang eingeschneit an der Straße gestanden sind und auf ihn gewartet haben. „Ihre Augen leuchten, die Hände fliegen empor zum deutschen Gruße."

***

Die Sonne scheint. Am ersten September-Wochenende wandern Edith und ich zum Jagdschloss. Aus offenen Fenstern hören wir Marschmusik und Ansprachen. Am Weg rufen uns junge Burschen begeistert zu: „Die Wehrmacht marschiert in Polen ein. Wir ziehen in den Krieg!" Doch Polen wehrt sich.
Mutter muss sich setzen. „Krieg bedeutet Hunger!" Sie hat sich vom letzten kaum erholt und jetzt soll alles von vorne losgehen? Vater schimpft leise in seinen Bart: „Die Wehrmacht ist gerüstet, aber beim Volk wird gespart."
Lebensmittel wie Brot, Fleisch, Fett und Eier gibt es bald nur mehr gegen Marken. Wie groß die eigene Ration ist, hängt vom Alter und der Arbeit ab – und ob du Jude bist. Die Reichskleidermarken verstehe ich nicht. Es gibt ohnehin nichts Brauchbares zu kaufen. Zum Glück haben wir noch Kammgarnstoff. Mutter näht uns damit neue Wintermäntel.

***

Polen ist schnell eingenommen. Dafür haben die Franzosen und Engländer den Deutschen den Krieg erklärt.

Vater muss sich in der Kaserne melden. Nach ein paar Wochen darf er wieder nach Hause, weil sie beim Krankenhaus eine neue Straße bauen. Auf der Baustelle schlägt Vater mit dem Hammer auf einen Meißel. Ein Splitter löst sich aus der Metallspitze und schießt Vater ins rechte Auge. Licht aus. Bis zum Krankenhaus sind es nur fünfhundert Meter, aber Vater weigert sich hinzugehen. Er will sich zuerst zuhause sauber machen. Die Ärzte müssen Vater das Auge herausnehmen.

Als Einäugiger braucht er nicht einzurücken. Sein Chef lässt ihn vom Bauamt zum Friedhof versetzen. Dort soll er künftig als Gärtner und im Büro aushelfen. Vater hat viel zu tun. Am jüdischen Friedhof werden Grabsteine umgeworfen und Schciben eingeschlagen. „Nicht einmal die Toten haben ihre Ruhe", ärgert er sich.

Manche Särge sind mit Steinen gefüllt, weil es keine Leichen gibt. Diese Särge bereiten Vater schlaflose Nächte. „Wer weiß, in welchen Gefängnissen oder Lagern die umgekommen sind." Wenn so ein Sarg in die Erde gelassen wird, rumpelt es ordentlich.

Vater begräbt auch blutjunge Mädchen. Darüber redet er aber nicht. Viele nehmen sich das Leben, wenn sie schwanger werden und der Mann abhaut. In den Familien ist für zusätzliche Esser kein Platz.

Vater sieht aus wie ein Seeräuber. Endlich trifft er einen Spezialisten in der Augenklinik und lässt sich ein Glasauge anfertigen. Der holt Farben und eine Porzellankugel hervor und zeichnet Vaters gesundes Auge ab.

Das Glasauge wird gebrannt und eingesetzt. Von nun an hütet Vater sein Glasauge wie einen Schatz. Jeden Abend zieht er es vor dem Schlafengehen mit einem lauten Plopp aus dem Gesicht, wäscht es und legt es vorsichtig in eine Schale.

***

Mutter muss zum Amtsarzt und klären, ob sie für Kriegszwecke zu gebrauchen ist. Die Deutschen suchen Arbeitskräfte für die Rüstung, vor allem für die Munitionsbetriebe außerhalb der Stadt.
Mutter ist gesund und hat Angst, weggeschickt zu werden. Doch der Arzt ist ein vernünftiger älterer Herr. Er versucht ihr zu helfen, ohne selbst dafür in Schwierigkeiten zu kommen: „Wenn Sie eine Ziege zum Füttern zuhause haben, müssen Sie es jetzt sagen." Eine Ziege hat Mutter nicht, aber Vater und uns Kinder. Sie kann nicht von zuhause weg. Sie muss sich um das Mittagessen kümmern. Denn Kochen ist nicht so leicht, wenn es nichts zu kochen gibt. Das Nichts muss frisch zubereitet werden, sonst ist es verkocht.

Mutters Argumente sind dünn. Ediths Schulzeit ist vorbei. Für eine höhere Schule reicht unser Geld nicht, also arbeitet sie als Hilfskraft im Büro des Lithografiewerks. Eine Arbeit mit Ablaufdatum, denn das Werk bekommt kaum noch Aufträge. Nur ich mit meinen 13 Jahren gehe noch als Kind durch.

Der Arzt hilft Mutter trotzdem und verpflichtet sie zum Dienst bei einer Bank in Gablonz. Dort putzt sie, hilft an der Kassa und schreibt Briefe. Mutter wäre zwar lieber Schneiderin oder Kindergärtnerin geworden, weiß aber um ihr Glück. Auch bei der Bank ziehen sie Leute für die Rüstung ab.

***

„Wenn, dann jetzt!" Die Eltern haben Jahre darüber gesprochen, aber nun ist es soweit: Wir übersiedeln in eine andere Wohnung. Sie befindet sich in einem Haus in der Schmelzgasse, ist ein bisschen größer – und hat einen Gemeinschaftsgarten! „Der Krieg wird nicht so schnell vorbei sein." Um nicht hungern zu müssen, baut Vater mit Onkel Johann einen Hasenstall und ein Gehege in den Garten. Die Nachbarn haben nichts dagegen, solange wir ihre Blumen mitgießen. Schon bald ziehen fünf Kaninchen, vier Hendln und ein Hahn ein. Wenn Vater abends vom Friedhof heimkommt, lässt er die Tiere kurz auf die Wiese. Edith und ich misten den Stall aus und füttern sie mit Getreide, Gemüseabfällen und Gras. Als Belohnung freuen wir uns über frische Eier.

Wenn die Kaninchen groß genug sind, landen sie als Suppe und Braten an Feiertagen auf dem Tisch. Ein Bekannter schlachtet und zieht sie für uns ab. Wir selbst würden das nicht übers Herz bringen. Fleischgerichte bleiben aber eine Seltenheit. Dafür leisten wir uns Karpfen. Edith und ich müssen die Schuppen abschaben und die Innereien herausnehmen. Mir graut jedes Mal. Bis der Fisch zubereitet ist, gehe ich vor Hunger fast ein. Mutter und Edith werden richtige Wühlmäuse. Sie legen Ribisel- und Himbeersträucher an – und ein großes Gemüsebeet. Das ist unüblich, weil es in Gablonz kalt ist und kaum etwas wächst. Zuerst geniert sich Edith, weil die Nachbarn aus den Fenstern gaffen. Die denken sich wohl ihren Teil. Aber solange alles ordentlich bleibt, schadet es niemandem. Richtig große Augen machen sie erst, als die erste Ernte glückt. Edith verfällt der Gartenarbeit. Bald zupft sie lieber Unkraut im Gemüsebeet als mit Freundinnen tanzen zu gehen. Obwohl in dem Gemüsebeet allerhand wächst, essen wir gefühlt jeden Tag nur Kartoffeln. Stundenlang steht Mutter in der Küche und wäscht, schält, schneidet und kocht Kartoffeln. Serviert werden Kartoffelpuffer, Kartoffelschmarren oder Kartoffelpüree. Nach dem Krieg esse ich keine einzige Kartoffel mehr. Das schwöre ich mir.

***

Früher sind auf der Bastei Artisten aufgetreten. Ich bin mit Edith und Vater dort gewesen. Im Zirkuszelt hat es fürchterlich gestunken. Die Dompteure haben Bären, Pferde und Affen an einer Kette vorgeführt. Dazu hat die Musikkapelle gespielt und der Bajazzo Grimassen geschnitten. Einmal hat mich Vater auf einen Elefanten gesetzt. Mir war gar nicht wohl dabei. Heute gibt es keinen Zirkus mehr. Sie haben kein Futter für die Tiere.

Stattdessen hält der Führer im Rundfunk eine seiner Ansprachen. Vor der Herz-Jesu-Kirche dröhnt es aus den Lautsprechern. Alle Schulen sind aufmarschiert. Stundenlang müssen wir stehen und applaudieren. Hitler schwatzt über gewonnene Schlachten und darüber, was wir alle für den großen Sieg machen müssen. Wir singen ein Lied, brüllen „Heil Hitler" – und auch dieser Zirkus ist wieder vorbei.

1940

Ich gehe zum Bund Deutscher Mädel. Die Schule hat die Eltern vor meinem 14. Geburtstag davon verständigt. Vater kann nichts dagegen tun. Stattdessen holt er seine Ersparnisse hervor. Ich bin erleichtert, dass wir uns den Mitgliedsbeitrag und die Uniform leisten können. Sofort laufe ich zum Sportgeschäft Braun und kaufe den blauen Rock mit Gürtel, die weiße Bluse und die braune Jacke. Das schwarze Halstuch mit dem Knoten bekomme ich vom BDM. Die Heimstunden sind toll, weil wir viel turnen. Kugelstoßen ist nicht so meins, aber in Leichtathletik, Laufen, Hoch- und Weitsprung zähle ich zu den Besten.

Nach wenigen Sportfesten trage ich Siegernadeln und Sportmedaillen. Edith verdreht die Augen. Sie sagt, mit meinen Abzeichen sehe ich aus wie der Hermann Göring. Dabei ist sie nur neidisch. Früher hat mich Edith beim Schwimmen noch um Längen hinter sich gelassen. Auch beim Weitsprung bin ich weit hinter ihr im Sand stecken geblieben. Diese Zeiten sind vorbei.

***

„Heil Hitler!" Ich habe mich daran gewöhnt. Es kommt mir über die Lippen wie „Guten Morgen" oder „Guten Tag".

Hans nicht. Er ist auch Österreicher, doppelt so alt wie ich, verheiratet und arbeitet in der Drogerie. Wir gehen gemeinsam in einen Abendkurs, um Maschinenschreiben und Stenografieren zu lernen. Er kommt fast immer zu spät. Ich dieses Mal leider auch. Gemeinsam schleichen wir uns zur Tür hinein, da grüßt schon der Lehrer: „Heil Hitler!". Hans grinst und antwortet mit „Guten Abend!" Der Stenolehrer ignoriert seine Provokation. Hoffentlich sind auch die anderen still, sonst wird Hans verhaftet. Die Nazis erwarten, dass wir uns gegenseitig verpetzen. Aber wir denken gar nicht daran. Hitlerjugend hin oder her. Wir organisieren sogar heimliche Runden, um verbotene Literatur wie den „Schüler Gerber" zu lesen. Das ist wahnsinnig aufregend.

***

Heute Abend schwänze ich den Stenokurs und gehe mit der Hitlerjugend lumpen. Manchmal hält mir so ein Gauner eine Zigarette vor den Mund, aber mir schmeckt der Rauch nicht. „Komm, Inge, hauch mich an!", schimpft Mutter zuhause. Vater ist es egal, er raucht selbst. Einmal trinke ich Bier und bin froh, dass mich ein Freund bis zur Haustür begleitet. Ich taumle die Stiegen hoch und finde nur schwer ins Bett. „Das sag' ich morgen der Mutti", zischt mir Edith zu. Sie findet, dass ich so etwas nicht machen darf. Dabei ist sie selbst dauernd unterwegs. Nicht so wie andere Mädchen, die sich mit den Soldaten herumtreiben. Aber sie genießt es, wenn junge Männer ihr schmeicheln.

Albin wäre eine gute Partie. Er kommt aus einer nordböhmischen bürgerlichen Familie und wohnt in einem schönen Haus in Bad Schlag – samt Garten und Wald, mit Kindermädchen und allem Pipapo. „Und er hat vier jüngere Brüder", lacht Edith. „Vielleicht ist da einer für dich dabei."

Edith hat Albin schon im Turnverein kennengelernt, dann aber wieder aus den Augen verloren. Jetzt sieht er mit seinen 19 Jahren aus wie ein Mann. Er hat Gold- und Silberschmied an der deutschen Staatsfachschule für Kunstgewerbe gelernt und übernimmt vielleicht einmal das Bijouterie-Geschäft seiner Eltern. Momentan gießt er mit seinem Freund Otto noch Ohrringe in einem Schmuckbetrieb in der Langegasse.

Ich kann mich nicht erinnern, dass Edith schon einmal so begeistert von Schmuck gewesen wäre. Erst recht nicht, seit sie beim Lithographiewerk gekündigt worden ist und jetzt in einer Gürtlerei arbeiten muss. Seither hören wir eigentlich nur noch: „Die Broschen können mir gestohlen bleiben." Mutter zuckt mit den Achseln und schiebt es auf Ediths Alter. Sie ist 16 Jahre alt und mitten in der Pubertät. Ich glaube, dass Edith in der Gürtlerei nicht glücklich werden kann. Sie ist zu intelligent, um tagein tagaus Steine in Formen zu picken. Sie ist ein Schreiberling.

***

Edith meldet sich freiwillig zum Reichsarbeitsdienst. Sie hält es zuhause und in der Gürtlerei nicht mehr aus. Albin ist auch beim Arbeitsdienst. Allerdings nicht freiwillig. Er ist nach Ostpreußen geschickt worden, um den Ostwall aufzubauen. Edith kommt an die deutsche Grenze bei Böhmisch Leipa, um als Arbeitsmaid auf einer Landwirtschaft mitzuhelfen. Ein Jahr lang bleibt ihr Bett zuhause leer. Wir haben jetzt mehr Platz. Trotzdem vermisse ich Edith in den ersten Wochen so sehr, dass ich mich auf mein Fahrrad schwinge und 60 Kilometer zu ihr fahre. Schon von weitem sehe ich die Hakenkreuzfahne am Lagerplatz wehen.

Edith sieht hübsch aus mit ihrer weißen Bluse und der kurzen braunen Hose. Glücklich wirkt sie aber nicht. Sie zeigt mir die Holzbaracke, in der sie schläft. Untertags arbeitet sie am Feld und im Saustall. Am Abend hat sie Zeit, Stenographieren und Französisch zu lernen. Vor dem Schlafengehen schneidet sie jeden Tag ein Stück von einem Maßband ab. Wenn nichts mehr übrig ist, darf sie wieder nach Hause. Ich glaube, sie hat sich den Arbeitsdienst anders vorgestellt.

***

„Runter mit dem Rollo, oder es hagelt eine Anzeige!" Ein älterer Herr weckt uns frühmorgens mit seinem Gebrüll. Ein winziger Lichtstrahl ist aus unserer Wohnung auf die Straße gefallen. Das ist gegen die Vorschriften, fahrlässig – eigentlich Landesverrat! Die Fenster müssen gegen Luftangriffe jede Nacht verdunkelt sein. Heute hat Mutter aber sehr zeitig zur Bank müssen und die Rollos schon wieder hochgezogen. Der Grantscherben glaubt nicht wirklich, dass uns feindliche Flieger angreifen. Niemand glaubt das. Trotzdem leuchten die Straßenlaternen in Gablonz nur noch mit halber Kraft und die Papiergeschäfte führen riesige Rollen mit schwarzem, steifem Papier. Wir haben mehrere Laufmeter gekauft. In der Zeitung steht jeden Tag, um welche Uhrzeit verdunkelt werden muss.

***

„Die Inge hab' ich genommen, weil sie so schöne braune Augen hat." Heinz lächelt, als er mich seiner Frau Auguste und den drei Kindern vorstellt. Ich werde bei seiner Familie mein Pflichtjahr als Haushaltshilfe verbringen. Zum Glück. Andere Mädchen werden zu Bauern aufs Land oder in ferne Rüstungsbetriebe geschickt. Ich darf in Gablonz bleiben, obwohl ich weder Kontakte bei der Partei noch am Arbeitsamt habe. Es wird wohl an den braunen Augen liegen.

Familienvater Heinz betreibt ein Obst- und Gemüsegeschäft bei den Markthallen. Ich sperre den Laden um sechs Uhr auf und heize den Kohleofen im Keller an. Freiwillig vor dem Dienst, weil mir das Personal dafür einen Apfel zusteckt.

Nach dem Pflichtjahr möchte ich Kaufmann werden. Ich hab' das Verkaufen in den Genen. Die Eltern haben auch einmal ein Lebensmittelgeschäft in Gablonz gehabt. Doch dann hat sie ein Lieferant betrogen. Er hat behauptet, kein Geld für sein Mehl bekommen zu haben. Die Eltern sind pleitegegangen und Markthändler geworden. Sie sind herumgefahren und haben Kleidung verkauft. Sonst hat es keine Arbeit gegeben. Erst als die Wasserleitung gebaut worden ist, hat Vater auf Sprengmeister umgeschult.

Ab sieben Uhr helfe ich Auguste im Haus. Ich richte das Frühstück und ziehe die Kinder an. Die Arbeit mit den Kleinen fordert mich. Mit Christa komme ich gut zurecht. Sie ist schon sechs und geht in die Schule. Aber Hannelore ist erst drei und Heinzl eineinhalb. Die gehören bekocht, gepflegt und beschäftigt. Heinzl brüllt oft stundenlang, weil er gerade Backenzähne bekommt. Ich versuche, sein Zahnfleisch mit kaltem Kamillentee zu kühlen.

Wenn das Wetter schön ist, stecke ich Heinzl in den Kinderwagen. Zu viert spazieren wir zu den Sandkisten bei der Talsperre. Vom Krieg bekommen die Kinder lange nichts mit – bis ihr Vater plötzlich weg ist.

1941

„Ich hab' ja keinen Vogel." Nach einem halben Jahr Arbeitsdienst soll Edith in einen Rüstungsbetrieb wechseln. Um das zu verhindern, verpflichtet sie sich für das restliche Jahr bei der Landwirtschaft. „Wie du weißt, liebes Schwesterherz, bin ich ein Land- und kein Stadtmensch", schreibt Edith. Sie wird zur Kameradschaftsältesten befördert und bekommt die Aufsicht über elf andere Mädchen in ihrer Baracke. Sie muss dafür sorgen, dass alle parieren und den Boden, die Stockbetten und die Kästen sauber halten. Schon jetzt laufen ihnen nachts die Mäuse übers Gesicht. Als Kameradschaftsälteste dürfte sich Edith eine Matratze von zuhause mitnehmen. Die Strohsäcke im Lager sind allerdings viel wärmer. „Die Baracken sind geheizt, aber das ist für die Katz."

Auch ich werde beim BDM zur Gruppenführerin befördert, weil ich beim Sport etwas leiste und mich für Geschichte interessiere. Ab sofort trage ich die grün-weiße Schnur. Ich bin für vierzig Mädchen verantwortlich und organisiere Aufnahmefeiern und Sonntagsausflüge. Wir marschieren mit unseren Uniformen in Dreierreihen und singen deutsche Lieder wie „Am Brunnen vor dem Tore": „Die kalten Winde bliesen mir grad ins Angesicht, der Hut flog mir vom Kopfe, ich wendete mich nicht." Offizielle Anlässe wie der erste Mai sind Pflicht. Da marschieren wir genauso auf wie zu Kinovorstellungen und Sportfesten. Ich wandere mit meiner Gruppe auch oft Richtung Reichsprotektorat, weil die Landschaft in Böhmen und Mähren schöner ist als bei uns. Im BDM-Heim heißt es aber bald, dass das hirnrissig sei. Ich kann doch nicht mit einer Gruppe ins Tschechische marschieren. Zu gefährlich!

Die Krankenschwestern bitten uns, so oft wie möglich Blut zu spenden. Die Lazarette brauchen jeden Tropfen. Mit Blutgruppe A bin ich zum Glück nicht so interessant. Meine BDM-Freundin Christl hat AB und muss immerzu bereitstehen.

Jeden Donnerstagabend hören wir im BDM-Heim Vorträge über das Reich, den Krieg, die Erntehilfe, Erste Hilfe und Politik. Großvater Johann in Maffersdorf ist wenig begeistert, wenn ich vom BDM erzähle. „Merk' dir eines, Inge", warnt er und hebt bedeutungsvoll den Zeigefinger: „Die Politik ist die größte Hure, die es gibt."

***

Seit Stunden versuche ich, in der Stadt Schrauben zu kaufen. Vergeblich. Jedes noch so kleine Stück Metall wird für die Rüstung benötigt. Die großen Gürtlereien produzieren jetzt Militärknöpfe statt Broschen. Und den

Betrieben fehlen Fachkräfte. Albin ist nach dem Reichsarbeitsdienst sofort zur Wehrmacht eingezogen worden. So geht es den meisten von ihnen. Ich bin so erleichtert, dass Edith wieder zuhause ist. Seit ihrer Rückkehr ist sie mit Großvater einer Meinung. Sie will von Politik nichts mehr hören.

Ein Werkzeughandel in der Gebirgsstraße stellt sie ein, weil sie Maschinenschreiben und Stenographieren kann. Edith hat sich das selbst beigebracht. Eigentlich wäre sie lieber Gärtnerin geworden oder am Postschalter gestanden. Die Eltern sind froh, dass Edith überhaupt Arbeit gefunden hat. Sekretärin gefällt ihnen. Außerdem kann Edith jetzt Schrauben besorgen.

**

Ich werde Einzelhandelskaufmann, wie ich es mir gewünscht habe. Meine Lehre beginne ich im Lederwarengeschäft meiner Firmpatin Margit und ihres Mannes Josef. Weil wir nicht verwandt sind, nenne ich sie Wahltante und Wahlonkel. Bei ihnen geht es mir gut. Sie haben keine Kinder und behandeln mich wie ihre eigene Tochter.

Das Geschäft liegt zwischen Parfümerie und Porzellangeschäft. Das Verkaufen von Lederwaren braucht Erfahrung und Gefühl. Wenn Kundschaft nach Handschuhen fragt, muss ich sofort die richtige Größe erkennen. Ich kann nicht sagen: „Zeigen Sie mir Ihre Pratzen!"

Zu uns kommen nur gute Kunden. Ich muss höflich und diskret sein. Das ist nicht leicht, weil ich immer einen guten Spruch parat habe. Einmal betritt ein Architekt das Geschäft, so um die sechzig Jahre alt. Er möchte ein Abendhandtäschchen und ein Paar weiße Glacéhandschuhe kaufen – obwohl seine Frau schon vor längerer Zeit gestorben ist. Ich verpacke alles schön. Dann bittet mich der Kunde, den Einkauf zuzustellen. „Selbstverständlich, ich weiß schon wohin." Der Architekt ist überrascht. Dabei weiß jeder, dass die alte Buchhändlerin seine neue Freundin ist. Sie ist Witwe, hat kleine Locken und ist bei Gott keine Schönheit. Der Wahlonkel wirft mir einen bösen Blick zu. Ich bin zu weit gegangen. Aber der Architekt schmunzelt, schreibt mir die Adresse auf und bezahlt mir für die drei Schritte 20 Mark extra. Zurück im Geschäft schimpft mich der Onkel. Die richtige Antwort wäre gewesen: „Sehr gerne, bitte geben Sie mir die Karte mit der Anschrift."

***

Zuerst haben alle gejubelt. Polen genommen. Hurra. Belgien genommen. Hurra. Holland. Hurra. Frankreich. Hurra. Doch jetzt – gegen die Russen – ist nichts mehr mit Hurra. Die Winter in Russland sind berüchtigt. Die Wehrmacht bleibt im Schnee stecken. Der Nachschub stockt. Zuerst fehlt Benzin für die Flieger, dann Munition. Die armen Kerle müssen trotzdem weitermarschieren. In meiner Verwandtschaft gibt es erste Tote. Die

Söhne meiner Großcousine sind gefallen, der Helmut kommt mit einem Arm von der Front zurück, der Arthur wird in Stalingrad verwundet und stirbt, der Günter fällt in Frankreich. Vater stellt den deutschen Militärsender ein und packt die große Landkarte aus. Er zeigt uns, wo die Front verläuft. Mit unserem Saba empfangen wir auch den Besatzungssender Belgrad. Als letztes Lied spielen sie immer „Lili Marleen". Edith und ich warten oft darauf und singen leise mit. „Vor der Kaserne, vor dem großen Tor, stand eine Laterne und steht sie noch davor. Dort wollen wir uns wiedersehen, bei der Laterne wollen wir stehen, wie einst Lili Marleen." Wenn wir ausländische Sender hören, drehen wir leise. Wir picken ganz nahe am Lautsprecher, damit uns die Nachbarn nicht hören. Wenn uns einer im Haus bei der Gestapo anzeigt, ist es Sense mit uns.

***

„Albin ist nach Russland geschickt worden." Edith ist besorgt. In seiner Infanterieeinheit ist Albin der einzige Sudetendeutsche. Seine Kameraden wundern sich über den „Soeben-Deutschen". Sie haben Fronterfahrung aus Frankreich, Albin hat bei seiner Ausbildung keine fünfzig Schuss mit dem Granatwerfer abgegeben. In seinem Wehrpass steht „keine Waffenausbildung", dafür „belehrt über Spionageabwehr, Landesverrat und Wahrung des Dienstgeheimnisses".

An der Front macht er Bekanntschaft mit dem Gewehr 98 und der Handgranate 24. Mit seiner Infanterieeinheit kämpft er sich durch Wald und Sumpf, über den Finnischen Meerbusen bis hin nach Leningrad. Die Soldaten stapfen tagelang durch den Schnee. Sie sehen Panzersperren, halb eingestürzte Häuser und Kirchen ohne Türme. Unter ihren Helmen tragen sie Sturmhauben, bloß helfen tut es nichts. Der Wind ist eisig, in der Nacht hat es minus zwanzig Grad. Vor den Befestigungen Leningrads muss Albin auf einen Spähtrupp-Einsatz. Plötzlich steht er einem russischen Soldaten gegenüber – bereit zu schießen. Wie aus dem Nichts ist er aufgetaucht. Albin hält zitternd seine Waffe im Anschlag. Doch niemand drückt ab. Stille. Beide senken langsam ihre Waffen und machen kehrt. Seine Kameraden und Vorgesetzten dürfen nichts davon erfahren. Es ist mir ein Rätsel, woher Edith das weiß. Doch wohl nicht aus Albins Feldpostbriefen?

Die Front besteht aus drei Gebieten: dem deutschen Graben, dem Niemandsland und dem russischen Gebiet. Albin muss am Horchposten beobachten, ob sich jemand bewegt. Alle zwei Stunden wird er abgelöst.

Oft sieht er Flüchtlinge. „Eine traurige Sache", schreibt Albin. Schon die Soldaten haben nicht genug zu essen. Albin tauscht seine Zigaretten gegen Brot. Damit kann er seine Suppe strecken. Von seinem Rum trinkt er keinen Schluck.

Ein Mal pro Woche dürfen sie sich waschen. Im Waschhaus wird Albin von einer Russin rasiert. Ein mulmiges Gefühl, wenn er da unterm Messer liegt. Meistens rasieren sich die Soldaten selbst. Sie stehen dabei mit einem kleinen Spiegel in der Hand im Wald. Geschlafen wird in einer aus Schotter zusammengehäuften Halde. Als Eingangstür hält ein Stofffetzen her. Nach zwei Stunden heißt es wieder hinaus in die Kälte: „Auf, auf, sprach der Fuchs zum Hasen, hörst du nicht den Jäger blasen?"

***

Von seiner Stellung kann Albin die Schienen der Straßenbahn und die mächtigen Gebäude von Leningrad sehen. In die belagerte Stadt kommt er nie. Einmal beteiligt er sich ohne Wissen des Leutnants an einem Geheimspähtrupp. Gemeinsam mit drei Kameraden durchsucht Albin verlassene Häuser. Sie hoffen auf Petroleum für ihre Lampen. Plötzlich ein Schuss! Die Kameraden gehen in Deckung und Albin zu Boden. Er hat Glück. Der Feind hat nur seinen rechten Oberarm getroffen, ein glatter Durchschuss. Albin kann die blutende Wunde zuhalten und geduckt in seine Stellung zurückkehren.

Dort bekommt er Schwierigkeiten. Seine Vorgesetzten verdächtigen ihn der Sabotage. Sie glauben, dass Albin sich selbst verstümmelt hat, um der Front zu entfliehen. Ein Scharfschütze hätte ja wohl eher in den Kopf geschossen. Zurück aus dem Lazarett muss Albin zur Strafe für acht Tage zum Nachschub-Tross. Als er zurück an die Front kommt, staunen seine Kameraden. Sie haben geglaubt, er hätte den Heimatschuss bekommen.

Seine Vorgesetzten begrüßen ihn weniger euphorisch. Albin ist nun „Schütze Arsch im letzten Glied". Kanonenfutter.

1942

Ich will den Moped-Führerschein machen. Edith hält mich für verrückt. Es gibt weder Maschinen noch Treibstoff, sagt sie. Aber das stimmt nicht. Bei der Hitlerjugend haben sie Leichtmotorräder und Mopeds für Luftschutzeinsätze, damit die Buben für ihre Militärzeit üben können. Außerdem wird dieser Krieg irgendwann vorbei sein – und dann habe ich den Schein! Bei der Markthalle hängt im Schaukasten ein Plakat mit den Verkehrszeichen. Ich lerne sie im Vorbeigehen. Als der Fahrschulbesitzer im Lederwarengeschäft einkauft, melde ich mich bei ihm an. Die Prüfung findet auf der Polizei statt. Ich rattere Verkehrszeichen runter, erkläre, wie das Moped startet, und mit welchem Gang ich bergauf fahre. Die praktische Prüfung fällt aus. Es ist kein Benzin da.

Ich bestehe, aber der SSler gibt mir meinen Führerschein nicht. Ich bin noch keine sechzehn Jahre alt, sekkiert mich der Hundianer. Zu meinem Geburtstag in zwei Wochen soll ich wiederkommen. Ich bin wütend. Wir kennen uns, weil er auch Österreicher ist. Mit Kriegsbeginn ist er zur Polizei gewechselt. Vorher war er Schauspieler. Jetzt macht er hier ein Theater und radiert das Ausstelldatum meines Führerscheins wieder aus!

***

Geburtstage sind wunderbar! Endlich darf ich meinen Schein abholen und im Lederwarengeschäft an der Kassa stehen. Ich komme gut zurecht, weil nicht viel los ist. Wegen des Kriegs fehlt es an Kundschaft und Ware. Die Wahltante schlägt deshalb vor, nach Prag zu fahren. Sie hat bei einem Erzeuger Taschen aus Bast bestellt – vermutlich schwarz, aber darüber spricht niemand. Margit soll sie jedenfalls persönlich abholen. Ich muss mitkommen, weil ich Tschechisch kann und vier Hände mehr tragen können. Wir laufen quer durch die Stadt und holen die Taschen ab. Jede von uns schleppt zwei Pakete.

„Warum steht hier überall die SS?", fragt die Wahltante nervös. Viele Straßen sind abgesperrt. Alles ist in Aufruhr. Ich versuche, die Gespräche der vorbeihastenden Tschechen aufzuschnappen. Das ist schwierig, weil die Wahltante immer schneller geht. Die Tschechen haben Angst. Es hat ein Attentat auf Heydrich gegeben! Der stellvertretende Reichsprotektor ist verletzt worden, die SS sucht die Täter. Also sitzen wir in Prag fest. Niemand darf die Stadt verlassen. Wir müssen uns ein Hotelzimmer beim Bílá Labuť nehmen.

„Aufmachen! Wer sind Sie? Was machen Sie hier?" Jede halbe Stunde klopfen SSler an die Zimmertür. Bei jeder Kontrolle hat Margit Angst um unsere Taschen. „Inge, wir müssen raus aus Prag." Es dauert bis zum nächsten Abend, bis wir uns aus dem Hotel wagen. In der Dunkelheit schleichen wir zum Wilson-Bahnhof. Die Wahltante bevorzugt die kleinen Gassen unten bei der Moldau. Eine Kontrolle ist das Letzte, was wir jetzt brauchen können. Ich komme mir vor wie ein Schmuggler. Während über uns die Straßenbahn fährt, schleifen wir unten beim Kanal unsere Pakete bis zum Zug.

„Wo wart ihr so lange?" Der Onkel im Lederwarengeschäft hat sich Sorgen gemacht. Alle haben vom Attentat in Prag gehört. Die Täter sind in eine orthodoxe Kirche geflohen. Die SS hat die Kirche beschossen und mit Feuerwehrschläuchen unter Wasser gesetzt. Jetzt sind alle tot.

***

Wir müssen Briefe an die Front schicken, um junge Soldaten aufzuheitern. Meine BDM-Freundin Erika schreibt viele Seiten an einen Flieger. Sie haben sich verliebt, als er auf Heimaturlaub war. Bald wollen sie heiraten. Ich muss an Vater denken. Er sagt immer, wir sollen ihm ja nicht mit einem ledigen Kind von einem Soldaten heimkommen.

Mich interessieren Männer nicht. Darum begnüge ich mich mit wenigen Zeilen an Kurt, unseren ehemaligen

Nachbarn und Freund aus der Hitlerjugend. Er hat als Marinesoldat nach Buxtehude einrücken müssen. Edith und ich haben das lustig gefunden. „Geh' doch nach Buxtehude", haben wir gewitzelt. Doch die Stadt gibt es wirklich. Kurt hat für die Schmuckindustrie gearbeitet. Mit Edith und mir ist er oft wandern und ins Kino gegangen. Für mich ist er wie ein Bruder. Selbst Edith hat behauptet: „Das ist ein Kamerad, niemand zum Küssen." Aber ich glaube, sie war ein wenig in Kurt verliebt. Vater hat jedenfalls immer darauf bestanden, dass wir um neun Uhr zuhause sind. Kurt war anständig und hat uns stets pünktlich abgeliefert.

Leider erreichen meine Briefe Kurt nicht mehr. „Die See macht Männer", behaupten sie bei der Marine. Dass sie auch Männer verschluckt, verschweigen sie. Kurt ist verschwunden – entweder gefallen oder abgehauen. Wer weiß das schon. Er hat immer nach Schweden auswandern wollen. Vielleicht hat er es geschafft, hofft Edith. Ich glaube nicht – und werde keine Briefe mehr an die Front schreiben. Weder an Kurt noch an andere.

***

„Ich bin bei der Kriegsmatura durchgefallen." Auf der Gebirgsstraße treffe ich Albins Bruder Egon. Er ist geknickt. Das Lernen in der Schule war noch nie Seins, außer es geht um Musik. In Albins Familie haben alle ein Instrument gelernt. Ganz selbstverständlich. Wie Albin hat sich Egon für die Geige entschieden. Er liebt Jazz und trifft sich jede Woche mit Freunden in einem Kellerraum, um zu musizieren. Heimlich natürlich. Seit wir gegen die Amerikaner kämpfen, ist Glenn Miller verboten. Aber zu Egon passt das. Er ist ein wilder Hund und trägt die Haare über die Ohren. Aber nicht mehr lange. Der Postler hat ihm seine Einberufung zum Arbeitsdienst gebracht. Danach kommt er zur Flak, sagt Egon mit leuchtenden Augen. Er hat sich freiwillig gemeldet, weil er unbedingt etwas mit Fliegerei machen will. Seit Jahren bastelt er zuhause an Modellflugzeugen mit kleinen Motoren. Er himmelt Flieger an. Und bald wird er auf sie schießen.

***

Albin ist von einer russischen Granate getroffen worden, berichtet Edith aufgewühlt. Aber von vorn: Im August belagern die Deutschen Leningrad von allen Seiten. Die Russen versuchen, die Blockade zu durchbrechen. Es kommt zu Kämpfen am zugefrorenen Ladogasee, am Wolchow und bei der Rollbahn Nowgorod. Albin hilft bei der Heeresgruppe Nord in der Feldküche aus. Gemeinsam mit einem jungen Kameraden soll er Kaffee und Wasser für die Kompanie holen, beide haben ein halbes Dutzend Feldflaschen umgehängt. Im Niemandsland werden sie plötzlich mit Granaten beschossen. Es blitzt und kracht. Erdfontänen spritzen in die Höhe. Noch bevor Albin in Deckung gehen kann, treffen ihn die Granatsplitter. Er und sein Kamerad laufen um ihr Leben. Die Rotarmisten beschießen sie einzeln. Albin stürzt zu Boden und gräbt sich ein. Nach einem halben Meter stößt er auf Wasser und muss aufhören.

Die Schüsse verhallen – und Albin kann durchatmen. Es sieht aber nicht gut aus für ihn: Sein linkes Sprunggelenk und seine Hüfte sind verletzt, er kann den Fuß nicht belasten. Sein linker Arm ist von hunderten Splittern durchlöchert. Herz und Lunge sind zu seinem Erstaunen verschont geblieben. Das ist den Feldflaschen aus Aluminium zu verdanken. Sie sind völlig zerbeult, haben das Schlimmste abgefangen – und sein Leben gerettet. Stundenlang liegt Albin im eiskalten Niemandsland und hat höllische Schmerzen, bis sich sein Arm plötzlich taub anfühlt. Erneut wird geschossen.

Die Augen öffnet Albin erst wieder im Reservelazarett in Lyck in Ostpreußen. Die Sanitäter fragen ihn nach seinem Beruf. „Ich bin Goldschmied." Betretenes Schweigen. Sein Arm ist nicht zu retten, die Sanitäter müssen ihn absägen. Albin betet zu Gott. Die Wehrmacht befördert ihn zum Unteroffizier.

Während Albin im Lazarett liegt, kommt die Feldpost. Sein Vater ist an Nieren- und Leberversagen gestorben. Er hat auch Albin geheißen und war Gürtlermeister. Albins Mutter wird den Betrieb als Witwe weiterführen. Kaum darf Albin nach Hause, muss er auch schon wieder seinen Dienst in der Reichenberger Kaserne antreten – mit nur einem Arm.

1943

In Gablonz liegt der Schnee meterhoch. Edith ist mit Albin zum Rodeln verabredet. „Mit dem kann ich gehen", schmunzelt sie, „der wird schon nicht wie der Teufel fahren."
Aber seine Sportlichkeit hat Albin nicht eingebüßt. Er rodelt mit Edith jeden Hang Schuss hinunter.
Die Wehrmacht erleidet bei Leningrad schwere Niederlagen, Albin holt bei der Verwundeten-Meisterschaft an der polnischen Grenze den fünften Platz im Langlaufen. Mit nur einem Stecken.

Auch ich fahre weiter zu Sportfesten – und komme rauf in den Norden bis nach Swinemünde und Usedom. „Die Räder müssen rollen für den Sieg." Meine Freundin Bertl organisiert mir die notwendigen Scheine für die Reichsbahn. Sie ist eine fesche junge Frau und unsere Hauptführerin beim BDM. Ihr Bruder ist ein hohes Viech bei der Wehrmacht und ihr Vater ist bei der Partei.

***

Über Berlin sehe ich erstmals „Christbäume". Die Brandbomben sehen aus, als hätte jemand leuchtende Baumstämme und Äste in den Himmel gezeichnet. Durch den Lichtschein können feindliche Flieger ihre Ziele in der Nacht erkennen. Im Deutschen Reich ist der Krieg allgegenwärtig – vor allem am Himmel.

Im Sommer werde ich für ein Sportfest nach Sanssouci einberufen. Bei der Rückfahrt macht unser Zug extra einen Bogen über Schorfheide – um den Bomben zu entgehen. Plötzlich heulen die Sirenen auf und wir hören bedrohliches Gebrumme. Der Zug hält quietschend auf offener Strecke. „Fliegerangriff! Alles raus!"
Ich dränge mich hastig aus dem Zug und springe in die Böschung. Ein Baum. Wo ist ein Baum? Die Jabos fliegen so tief, dass ich ihre Schatten auf der Wiese sehe. Dann eröffnen sie das Feuer. Tatatatata! Zuerst auf den Zug, damit er nicht weiterfährt. Tatatatata! Dann auf uns. Eine Treibjagd! Tatatatata! Eine Salve prasselt neben mir in die Wiese. Die Bagage muss doch sehen, dass wir Kinder sind! Ich verschanze mich hinter einer Birke, halte mir die Augen zu und schreie: „Mutti, hilf!" Mir laufen Tränen über die Wangen. Gras und Dreck spritzen in die Höhe, Maschinengewehre rattern und Kugeln pfeifen.

Ich weiß nicht, wie viele uns angreifen, ein Pulk vielleicht – neun Jagdbomber in Dreierstaffeln. Ich traue mich nicht, aufzuschauen. Also rede ich mir ein: Ich sehe sie nicht, also sehen sie mich auch nicht. Irgendwann ist Ruhe. Statt Maschinengewehren höre ich Schreie. Schnell laufe ich zurück in mein Abteil zu meinem Koffer. Das Pfeifsignal der Lokomotive ertönt, wir fahren weiter. Auf der Wiese stöhnen die Verletzten. Die Sanis vom Roten Kreuz werden jeden Moment kommen, heißt es im Zug. Das ist die deutsche Gründlichkeit.

***

Am Heimweg wird mir bewusst, wie weit der Krieg noch von Gablonz weg ist. Bei uns fallen keine Bomben. Zu uns werden Kinder samt Koffern aus dem ganzen Reich geschickt. Es kommen aber auch Züge mit Zwangsarbeitern aus dem Osten. Es sind junge Frauen und Männer, die das Arbeitsamt in den eroberten Gebieten requiriert hat. Von einem Lager aus werden sie auf die Felder der Bauern geschickt. Auch Onkel Willi bekommt ein Mädchen zugeteilt. Der Bruder meiner Mutter betreibt eine kleine Frächterei mit Pferdefuhrwerk und eine Landwirtschaft. Vor dem Krieg haben wir Tante Annl und ihm oft geholfen. Die Eltern haben mit der Sense gemäht, Edith und ich haben das Gras zum Trocknen ausgebreitet und das Heu für die Kühe zusammengerecht. Als Belohnung haben wir die Ribiselsträucher abgeerntet. Danach haben wir Fuchsl gestreichelt, den alten Hengst mit der rotbraunen Mähne.

Tante Annl war immer ein bisschen kränklich. Weil sie nicht gut kochen kann, hat das meist jemand anderer übernommen. Abends haben wir den Ofen eingeheizt. Für Edith hat es keinen schöneren Ort gegeben – wenn man von Plumpsklo, Misthaufen und Jauchepfütze absieht. Seit dem Krieg hat niemand mehr Zeit, um Onkel Willi zu helfen.

Willis neue Haushaltshilfe heißt Dunja. Sie ist 17 Jahre alt – genau wie ich – und kommt aus der Ukraine. Willi versichert mir, sie gut zu behandeln. Sie bekommt einen Schlafplatz im Haus und muss abends nicht zurück ins Lager. Und sie darf mit Willi und Annl am Tisch essen. Es dauert nicht lange, bis Dunja zur Familie gehört.

***

Vor Dienstbeginn treffe ich jeden Morgen die anderen, meist tschechischen, Lehrlinge beim Café Strahl. So nennen wir das Pissoir am Rathausplatz. Wir blödeln, politisieren, handeln – und sind die besten Freunde. Zu meinem Geburtstag besorgt mir ein tschechischer Exporteur sogar eine Ebel. Die habe ich mir unendlich gewünscht, aber nirgends bekommen. Ich trage meine neue Armbanduhr voll Stolz. Alle hoffen, dass der Krieg bald vorbei sein wird. Wir haben aber auch Angst davor: „Genießt den Krieg, der Friede wird furchtbar."

***

Die Wehrmacht kann Albin nicht mehr gebrauchen. Ein letztes Mal zieht er seine Uniform an und steckt den

Winterorden und das Sturmabzeichen in Silber an – für ein Foto mit seiner Mutter. Dann gibt er seine Ausrüstung zurück. Socken und Unterhosen darf er behalten.

Albin gilt zu siebzig Prozent als schwerkriegsbeschädigt. Sein Stumpf könnte bei jedem Sturz aufplatzen und Albin verbluten. In Behandlung darf er trotzdem nicht.
Um wieder Arbeit zu finden, macht Albin den Versehrtenkurs an der Wirtschaftsoberschule in Reichenberg. Leider zählt er als Gold- und Silberschmied eher zur Gattung der Kunst. Von Buchhaltung und Rechnen hat er keine Ahnung. Zu seinem Glück hilft ihm Edith beim Lernen und macht seine Hausübungen. Dafür lädt er sie ins Kaffeehaus ein und überhäuft sie mit Komplimenten für ihre Figur. Darüber kann Edith herzlich lachen. Sie ist tatsächlich eine hübsche Frau. Ein bisschen rundlicher als ich, aber trotzdem sportlich. Auch Albin ist ein fescher Mann geworden – ein einarmiger halt.

***

Bertl stellt mir auf der BDM-Dienststelle Scheine für Sportkurse aus, die es gar nicht gibt. So kann ich heimlich ins Protektorat einkaufen fahren – nach Prag zu Onkel Peppi, nach Königgrätz zu Onkel Viktor und nach Brünn zu Onkel Lois. Auf den Straßen trage ich natürlich keine BDM-Uniform und in den Geschäften spreche ich schön Tschechisch. So komme ich zu meinen Strümpfen, Blusen und Fressalien. Im Protektorat haben sie zwar auch Punktekarten, aber die Tschechen verkaufen viel unterm Tisch. Edith freut sich über meine Mitbringsel. Gleichzeitig hat sie Angst um mich. Aber was kostet die Welt? Eine muss ja rennen. Und das bin ich.

***

„Wir sammeln Lumpen, Knochen, Eisen und Papier – ausgeschlagene Zähne sammeln wir!" Ich muss in der Nachbarschaft Spenden für das Winterhilfswerk und den Sport eintreiben. Wer etwas in die rote Büchse wirft, bekommt gewebte Abzeichen von der Hitlerjugend. Sie sind wunderschön. Im Gegensatz zu den Kränzen, die wir beim BDM aus Tannen- und Fichtenzweigen binden. Das Klumpert schenken wir zum Muttertag den Frauen, die mindestens drei Kinder haben.

Je länger der Krieg dauert, desto öfter sammeln wir für die Wehrmacht. „Jeder hilft, Kind, Frau und Mann. Froh soll sein, wer helfen kann." Dass ich nicht lache.

Zuerst sollen wir Ski auftreiben. Meine hab' ich vorsichtshalber im hintersten Winkel des Kellers versteckt. Ich denke gar nicht daran, sie für das Volk zu opfern. Sie sind mein Heiligtum. Wir sammeln auch Rindsknochen. Dafür stelle ich eine Schuhschachtel im Wohnhaus auf. Kein einziges Mal ist ein Knochen drin. Die Nachbarn kochen jedes Stück selbst aus. Seit dem Russland-Feldzug sammeln wir sogar Pelzmäntel. Doch nur wer mehrere hat, spendet widerwillig. Die Mäntel schaffen es ja ohnehin nicht zur Front. Oder hat schon mal jemand einen einfachen Soldaten im Pelzmantel gesehen? Nur die Herren Offiziere. Jetzt wollen sie beim BDM auch noch, dass wir Socken für die Wehrmacht stricken. Die Wolle dafür sollen wir selbst auftreiben.

Auch uns macht die Kälte zu schaffen. Seit Koks knapp ist, müssen wir zuhause sparen. Unser Dauerbrandofen bleibt oft kalt, genauso Mutters Brenneisen. Edith und ich nehmen nachts Wärmflaschen mit ins Bett.

***

Ich bin die letzte Verkäuferin im Lederwarengeschäft. Alle anderen sind zum Reichsarbeitsdienst eingezogen worden oder arbeiten in Fabriken zur Wehrerzeugung. Meine Freundinnen aus dem Glasgeschäft und der Parfümerie sind zur SS. Sie müssen im Nachrichtenwesen helfen oder Flak-Geschütze bedienen. Ich darf im Geschäft bleiben und meine Lehre fertigmachen.

Für Kriegseinsätze werde ich nur tageweise einberufen. Der Wahlonkel lässt mich überall hinfahren. Alles ist besser als die Arbeit in einem Rüstungsbetrieb.

Anfangs arbeite ich in Schulen. Die Schüler sind eingerückt, in den Klassen liegen jetzt kaputte Soldaten. Wenn am Bahnhof Verwundete ausgeladen werden, sind wir vom BDM zur Stelle. Wir helfen ihnen beim An- und Ausziehen, waschen und füttern sie, kochen Tee und putzen. Wir sind alle in Erster Hilfe ausgebildet und haben Prüfungen abgelegt. Ich habe es bis zum Feldscher gebracht.

Bald hole ich auch aus anderen Städten Verwundete ab. Tagelang bin ich mit dem Zug im Reich unterwegs. Die Transporte sind militärisch gut organisiert. Einmal bringen sie uns sogar bis nach Linz – Hitlers Lieblingsstadt. Dort sammeln wir verwundete Soldaten aus Italien auf. Sie sehen elend aus. Wir reden ihnen gut zu, heben sie in die Waggons, geben ihnen zu trinken und schneiden die verklebten, stinkenden Verbände auf. Dabei schreien sie, weil das höllisch wehtut. Wir tupfen die eiternden Wunden ab und warten auf die Rot-Kreuz-Schwestern. Unsere Einsätze enden erst, wenn wir mit den Verwundeten in Reichenberg oder Gablonz ankommen.

Im Winter sind die Schulen keine Reservelazarette mehr, sondern Kriegslazarette. Es stinkt fürchterlich. Wir geben den Verwundeten Borsäure zum Desinfizieren. Das weiße Pulver hilft kaum, aber wir haben nichts anderes. Wenn jemand Bauchweh hat, bekommt er Tierkohle. Ich bin jedes Mal erleichtert, wenn ich die BDM-Uniform wieder in den Schrank hänge und zurück ins Lederwarengeschäft darf.

1944

„Feindliche Kampfverbände im Anflug auf …", schallt es aus dem Radio. In Gablonz gibt es jetzt auch Fliegeralarme. Zum Glück schlafen Edith, Vater, Mutter und ich in einer Wohnung. Das macht es einfacher, während der vielen Alarme zusammenzubleiben. Gerade in der Nacht, wenn es stockdunkel ist und der Strom abgedreht wird. Anfangs haben wir uns nicht darum geschert, weil wir keine Flieger über Gablonz gesehen haben – nicht einmal zum Durchflug. Später sind wir nur deshalb in die Keller hinunter, um nicht von Nazis und Luftschutzwarten vernadert zu werden. Aber selbst da sind wir lange vor der Entwarnung wieder hinauf. Inzwischen sind wir unsicher.

Tagsüber verbringe ich nun viele Stunden im Heizkeller des Lederwarengeschäfts. Margit, Josef und ich sitzen neben dem letzten Häufchen Koks und warten auf den lang gezogenen Sirenenton. Hier unten ist es feucht und kalt. Hier möchte ich nicht sterben.

***

Schon wieder heulen beim Lazaretteinsatz die Sirenen auf. Ich renne den anderen BDM-Mädchen hinterher und suche einen Luftschutzkeller oder ein anderes Loch, in das wir uns verkriechen können. In den Bunkern wird nicht viel geredet. Alle ziehen ihre Köpfe ein, als würde das etwas bringen. Jeder horcht, wo Bomben niedergehen. Und immer gibt es jemanden, der weiß: „Das war nahe!"

Kaum gibt es Entwarnung, suchen wir Verwundete. Manche Straßen sind von den Bomben und dem Feuer so weich, dass wir mit unseren Schuhen fast im Teer stecken bleiben – als würden wir auf Pudding gehen. Für mich ist das neu. In Gablonz ist alles mit Granit gepflastert.

Wieder Zuhause wollen wir vom Krieg nichts wissen. Edith geht mit dem einarmigen Banditen Albin spazieren. Eine Hand zum Halten hat er ja. Ich verbringe die Zeit mit Freundinnen im Kaffeehaus. Wir wollen für ein paar Stunden alle Sorgen vergessen und uns vielleicht sogar ein Stück Kuchen teilen.

***

Nahrung ist eine Waffe. Darum muss Onkel Willi vorerst nicht einrücken. Seine Landwirtschaft ist wichtig für den Krieg. An einem verschneiten Sonntag bringe ich ihm mit dem Schlitten Gemüseabfälle für sein Schwein. Schon von weitem begrüßt mich Waldi mit energischem Bellen. Er verteidigt nur den Hof, ruft Willi. Ich zucke trotzdem zusammen. Seit dem Krieg sind Hunde aus der Stadt verschwunden. Kaum jemand kann sich noch Haustiere leisten.

Am Rückweg sprechen mich zwei deutsche Soldaten an. Sie kommen vom Lazarett, einer hinkt. Die beiden wollen mit meinem Schlitten einmal den Hügel hinunterfahren. Weil sie anständig wirken, lasse ich sie. Sie waren Lehrer im Rheinland, wo viel weniger Schnee liegt als bei uns. Deshalb macht ihnen das Schlittenfahren so viel Spaß. Zum Dank laden mich die Soldaten ins Kino ein. Einer ist verheiratet, der andere nicht. Ich höre Vater schon: „Fang' dir nichts mit einem Soldaten an!"

Ich gehe mit den beiden ins Rathauskino. Dort arbeitet Fritz als Platzanweiser. Er ist geistig behindert, weil ihn sein Vater früher so gedrillt hat. In der Volksschule hat er das große Einmaleins weit früher gekonnt als ich. Heute ist er nicht mehr ganz richtig im Kopf. Leute wie Fritz haben die Deutschen in Heimen untergebracht. Aber sein Vater ist Professor und kann ihn noch schützen.

Das Kino ist gesteckt voll, alle Logen und Ränge sind besetzt. Bevor der tröstende Heimatfilm startet, kommt die Wochenschau. Die heldenhaften Kriegsbilder amüsieren meine Begleiter. Die Soldaten lachen, grölen und rufen zynisch: „Jeder Schuss ein Treffer!" Ich verkrieche mich im Sessel und hoffe, dass die Affen endlich still sind. Vielleicht hört der HJ-Streifendienst mit. Der kann sie wegen Sabotage vors Kriegsgericht stellen – und mich gleich dazu. Die Gestapo kennt kein Pardon.

***

Letztens hat Paul Hörbiger ein Konzert in der Turnhalle gegeben. Dabei muss er einen blöden Witz gemacht haben. Die Gestapo hat nach dem Auftritt jedenfalls sein Zimmer im Hotel Krone gestürmt und ihn dort eingesperrt. Ich habe den Hörbiger gesehen, wie er traurig im zweiten Stock aus dem Fenster geschaut hat, nicht wissend, was mit ihm passieren wird.

***

„Inge, wo hast du deine Augen?" Beinahe hätte ich Vater umgerannt. Die Verdunkelung macht die Straßen abends stockfinster. Manche helfen sich mit Taschenlampen, die sie mit blauem Papier abdecken.

Die französischen Kriegsgefangenen erkenne ich aber immer rechtzeitig. Sie kommen von ihrer Schicht aus der Redlhammer-Fabrik. Die ausgemergelten Gestalten in Sträflingsanzügen marschieren wie die Gänse hinunter ins Lager. Neben ihnen Bewacher mit drohenden Gewehrkolben. Schweigend ziehen sie jeden Tag vorbei. Einheimischen weichen sie aus, um nicht anzustoßen. Ich senke den Kopf und gehe weiter. Mit Gefangenen zu reden wäre hochgefährlich – für sie und für mich.

***

Margits Mutter hat nicht weggeschaut. Die Gestapo hat sie und zwei andere Frauen dabei erwischt, wie sie den Hungernden am Weg ins Lager eine Scheibe Brot und Kartoffeln zugesteckt haben. Die Frauen sind verhaftet worden. Ich befürchte das Schlimmste. Bei Hochverrat werden selbst Deutsche eingesperrt und hingerichtet. In den Wochenschauen werden Volksverräter gezeigt, die an Laternenpfählen hängen. Und in Reichenberg gibt es ein Fallbeil.

Margits Mutter wird der Prozess gemacht. Die ganze Stadt hört zu. Auch ich stehe vor dem Rathaus, die Verhandlung wird mit Lautsprechern am Balkon übertragen. Schuldig. Hochverrat lautet das Urteil. Wegen eines Stücks Brot. Die Menge bleibt still. Margits Mutter kommt in ein Gefangenenlager bei München. Margit darf sie ein einziges Mal dort besuchen. Danach bekommt sie alle paar Wochen einen Brief als Lebenszeichen. Mir geht es gut, schreibt die Mutter. Was auch sonst.

Von Margits Vater kommen keine Briefe. Er ist schon lange eingerückt. Seit die Alliierten in Frankreich gelandet sind, füllt die Liste der gefallenen Soldaten eine halbe Seite im Tagblatt. Daneben stehen immer dieselben Sätze: „In Treue zu seinem Führer und im Glauben an Großdeutschland gestorben." „Er gab sein Leben als höchstes Opfer für die Idee des Führers." „Den Heldentod gestorben." Daneben das Wehrmachtskreuz.

In Gablonz gibt es keine jungen Männer mehr und auch die Alten werden eingezogen. Selbst Albin muss noch einmal zur Musterung. Das Wehrbezirkskommando stuft ihn als arbeitsverwendungsfähig ein – „Ersatzreserve zwei".

***

Ich fahre nur noch selten zu Sportfesten. Bertl von der Hitlerjugend hat andere Aufgaben übernommen. Sie leitet jetzt ein Lager in Oberhohenelbe, in dem junge Frauen aus dem Osten untergebracht sind. Sie werden in Wehrbetrieben eingesetzt. Ich möchte Bertl besuchen. Tante Anne und Onkel Laurenz wohnen in der Nähe. Sie bitten mich eindringlich, das Lager zu meiden. Ich muss ihnen zumindest versprechen, keinesfalls hineinzugehen. Bertl wohnt in einer Baracke in der Nähe des eingezäunten Lagers. Sie muss dafür sorgen, dass die polnischen Frauen in der Früh zur Arbeit gehen, Essen bekommen und sich waschen können. Das meiste ist Büroarbeit, sagt sie. Über Politik reden wir nicht, lieber unterhalten wir uns über alte Zeiten, besseres Essen, den Sport und meinen bevorstehenden Lehrabschluss.

***

Im Sommer ist es soweit. Ich absolviere die Kaufmannsprüfung in der Handelsschule und im Lederwarengeschäft. Ein Herr von der Konkurrenz prüft mich. Er will wissen, welche Koffer samt Zubehör es gibt und welche

Lederarten. Eine leichte Übung! Ich bestehe und darf mich ab sofort Verkäuferin nennen. Einer unserer Lieferanten, ein vornehmer Herr aus Wien, gratuliert mir. Er hat keine Arbeitshände, das sehe ich sofort. Ich erwähne beiläufig, dass Vater aus Wien kommt und ich einmal im Leben gern das Spielcasino in Baden mit seiner Parkanlage sehen möchte. Der Lieferant lädt mich ein: „Kommst' halt zu uns, Mäderl."

Reisen ist schwieriger geworden. Die Züge werden für den Krieg gebraucht. Über Bertl gelingt es mir im Juli trotzdem, nach Wien zu fahren. Ich will unbedingt ins Casino!
 Eine verrückte Idee, aber eine gute Belohnung für meinen Abschluss. Vielleicht ist es auch die letzte Chance – wer weiß, ob wir nicht bald alle einrücken müssen.

Ich kann bei Tante Anna übernachten. Sie lebt allein in einer kleinen Wohnung in der Wimbergergasse im siebten Bezirk. Der Onkel war Straßenbahnkonduktour und ist im letzten Krieg gestorben. Die Tante bemüht sich, eine gute Gastgeberin zu sein. Trotzdem gibt es kaum zu essen. In Wien hungern alle, noch mehr als wir in Gablonz.

***

Als ich quer durch die Stadt spaziere, heulen die Sirenen auf. Oh Gott, Fliegeralarm! Ich laufe dem Schübl nach und suche nach Luftschutzkeller-Pfeilen. Die Flieger brummen bereits am Himmel. Auf der Straße laufen alle um ihr Leben. Plötzlich packt mich ein Soldat, zieht mich in eine Tür hinein und hinunter in den Keller. Deutsche Infanteristen setzen ihre Blechdosen auf.

Da kommt schon der Segen von oben. Volltreffer! Die Erde bebt. Es saust, es kracht, es wackelt. Der Putz bröckelt von den Ziegelwänden, die Fensterscheiben springen und eine Druckwelle haut uns um. Trockener Staub überall: an meinen Lippen, im Hals und in der Lunge. Ich huste wie verrückt und schnappe nach Luft. Ich ersticke!
 Ein Soldat stülpt seine Jacke über meinen Kopf. Spinnt der? Ich sehe nichts und trete mit den Füßen in alle Richtungen. Aber der schwere Stoff hält den Staub ab. Ich bekomme langsam wieder Luft!

Dann ist Ruhe auf der Burg. Stille. Kein Mucks. Obwohl gut zwanzig Leute auf den Bänken sitzen. Irgendwann sagen die Soldaten, dass wir jetzt raus können. Sie sind keine heurigen Hasen, sie haben Erfahrung aus anderen Bombenstädten.
 Weit kommen wir nicht. Überall Trümmer und Ziegelsteine. Wir sind verschüttet. Eine Frau schluchzt und rüttelt vergeblich an der Tür. Aber wir finden einen zweiten Ausgang, der nicht versperrt ist. Endlich Luft!

Ich laufe zurück zu Tante Anna. Noch in ihrer Wohnung zittern meine Hände. Meinen Retter mit der Jacke habe ich nicht mehr gesehen. Ich Esel hätte mich wenigstens bedanken können. Stattdessen hab' ich mich gewehrt!

***

Ich will leben. Also fahre ich mit der Badner Bahn ins Spielcasino. Der Lieferant begleitet mich. Er trägt einen dunklen Anzug, ich ein schwarzes Satinkleid. Alle sind vornehm gekleidet, aber nicht zu vornehm. Das wäre in diesen Tagen verpönt. Die Spieler sind alt, sonst wären sie ja im Krieg. Das Licht ist gedämpft, die Fenster verdunkelt. Das Risiko eines Fliegerangriffs nehmen hier alle in Kauf. Jeder glaubt: Mich wird es schon nicht treffen, nur den neben mir.
Ich habe Glück und gewinne zwanzig Reichsmark beim Roulette. Dann setze ich auf die falsche Farbe und das Geld ist wieder weg. Eine Weile schaue ich einer alten Dame zu, die mit dem Spielen nicht aufhören kann.

***

„Ein Anschlag! Eine Bombe!" Zurück in Gablonz wird in der Straßenbahn getuschelt. Es hat ein Attentat auf den Führer gegeben. Doch etwas ist danebengegangen. Die Bombe hat Hitler nur leicht verletzt. Enttäuschte Gesichter im Waggon. Wieder nicht geklappt. Wird es einen Aufstand geben? Sicher nicht, alle sind still. An jeder Ecke könnte jemand lauern, der dich verpfeift. Die SS durchkämmt die Straßen. Sie versuchen Verräter zu finden und das Volk niedrig zu halten.

Letztens haben sie den Alois abgeholt. Der tschechische Kellner im Hotel Geling war uns immer wohlgesonnen.

Für Kaffee und Kuchen hat er oft nur eine statt drei Marken verlangt. Jemand muss ihn verpfiffen haben. Niemand weiß, wo der arme Kerl steckt. Wer etwas schwarz verkauft und erwischt wird, dem machen sie die Bude zu – oder hängen ihn auf.

Der Wahlonkel hat sich nach dem Wiener Lieferanten erkundigt, mit dem ich im Casino war. Seine Wohnung am Rennweg ist von einer Fliegerbombe getroffen worden. Er, seine Frau und neun andere sind gestorben. Das Casino hat jetzt auch geschlossen. Es gibt kein Vergnügen mehr, kein Theater und keinen Fünf-Uhr-Tee. Wir können ja nicht tanzen, während die anderen an der Front verrecken. Nur die Kinos haben noch geöffnet – wegen der Wochenschau.

***

Edith ist schwanger – von einem Soldaten. Sie hat mit Albin wohl nicht nur Händchen gehalten. Edith erzählt, dass die beiden beim Spazieren von einem Gewitter überrascht worden sind. Im Gebüsch haben sie Unterschlupf gesucht und sind sich nähergekommen. Alle haben Edith davor gewarnt, sich mit einem Invaliden etwas anzufangen. Aber sie hat mit ihrem Schädel durch die Wand müssen. Wieder einmal. Jetzt müssen die beiden schnell heiraten, bevor das Kind kommt.

„Wenn es ein Mädchen wird, nenn' ich es Judith", sagt Edith. Jetzt hat sie völlig den Verstand verloren. Aber ich freue mich für meine Schwester. Hochzeit und Kind waren immer ihr Wunsch. Auch wenn die Zeiten besser sein könnten.

***

Albin hat Edith einen Heiratsantrag gemacht! Er hat ein geregeltes Einkommen und kann für seine Familie sorgen. Sie haben ihn bei den Büllmann-Werken in der Buchhaltung angestellt. Die Werke sind arisiert und produzieren Bordlampen für die Luftwaffe und was weiß ich. Nebenbei arbeitet Albin mit Otto in der Gürtlerei seiner Mutter an neuem Schmuck. Er entwirft kunstvolle Modelle. Seine größte Angst ist, dass seine übrig gebliebene Hand einmal versagt: „Ich könnte nicht mehr zeichnen, mich nicht mehr rasieren und mir nicht mal mehr den Arsch abputzen!"

Edith braucht für die Hochzeit einen Ahnenpass. Seit Jahren versuchen wir, alle Belege zusammenzukratzen. Wir haben Pfarren abgeklappert und Briefe geschrieben. Der Gablonzer Pfarrer hat nicht helfen wollen, obwohl er Edith und mich aus der Schule kennt. Wir hatten ihn als Lehrer. Aber kümmern hilft. Ich bin nach Hohenelbe zur Dekankirche gefahren und hab' den dortigen Pfarrer angebettelt: „Meine Schwester will heiraten. Schauen Sie, das ist ein Kriegsinvalide. Bitte helfen Sie uns!" Der alte Mann hat zuerst nur die Stirn gerunzelt. Dann hat er sich aber doch dazu bequemt, in seinen Almanachen nachzusehen und mir Totenscheine der Urgroßeltern auszustellen.

Damit ich die Geburts- und Sterbeurkunde von Vaters Vorfahren auftreiben kann, hat mich Bertl noch einmal nach Wien zu Tante Anna fahren lassen. Ich bin fündig geworden. Beide Urgroßeltern sind am Hernalser Friedhof begraben und waren römisch-katholisch. Zum Glück.

***

„Du hast die Absicht zu heiraten?" Albins Bruder Hartwig ist seit zwei Jahren in Griechenland stationiert. Die Nachricht erreicht ihn per Feldpost. Ich kenne Hartwig fast nur von Fotos. Da posiert er in Uniform bei Dreharbeiten für den Film „Fronttheater" mit Heli Finkenzeller und vor der Akropolis. Hartwig ist überrascht, erfreut und besorgt: „Ich hoffe, dass ihr euch alle gut versteht. Wie sind ihre Eltern?"

Edith hat schon sowas angedeutet. Vater sieht mit seinem kurzen englischen Bart zwar aus wie ein Sir und verhält sich auch so. Er bleibt aber ein einfacher Arbeiter. Mutter putzt bei der Bank. Das ist wohl nicht das, was sich die Schwiegermutter für Albin vorgestellt hat. Hartwig hat seit Monaten Urlaubssperre und kann nicht zur Hochzeit kommen. „Schade, dass Krieg ist", schreibt er. „Aber deswegen kann die Welt auch nicht stehen bleiben."

***

Anfang September heiratet Edith Hilde Anna ihren Albin Oswald Wenzel. Weil Fliegeralarm ist, kommen die beiden zu spät zum Standesamt. Die Geschäfte haben die Rollbalken runtergezogen. Kaum jemand ist auf den Straßen. Wir feiern trotzdem. Als Edith und Albin mit dem Landauer bei der Herz-Jesu-Kirche vorfahren, klatschen wir laut.

Edith sieht in ihrem weißen Kleid mit Schleier, Krönchen und Kreuzerlkette aus wie eine Königin. Albin trägt einen schwarzen Anzug mit weißem Mascherl und eine Armattrappe mit Handschuh. Bei jedem Foto stellt sich Albin geschickt hinter Edith. Den Arm aus Holz hat er von der Wehrmacht bekommen. Er hängt herunter und klappert. Darauf kann er in Zukunft ruhig verzichten, schimpft die Braut. Ohne dieses leblose Ding ist er viel schöner.

Es ist eine einfache Hochzeit. In der Kirche sind nur die vordersten Reihen besetzt. Nach der Messe fahren wir in das Haus der Schwiegermutter nach Schlag. Edith freut sich besonders über die hundert Gladiolen, die die Räume schmücken. Als Festmahl gibt es Nudelsuppe und Sauerbraten mit Knödel. Die Verwandtschaft hat dafür wochenlang Essensmarken gespart. Zum Kaffee gibt es einen riesigen Streuselkuchen von unserem tschechischen Bäcker. Mutter und ich haben den Kuchen stolz in einem Wäschekorb zur Feier getragen – jede mit einem Henkel in der Hand.

Georg spielt am Klavier der Familie. Er hat als einziger Bruder Fronturlaub bekommen. Aber gleich nach der Feier muss er zurück nach Bremerhaven, wo er als Melder mit dem Fahrrad Nachrichten von einer Kompanie zur anderen bringt. Der zehnjährige Werner schaut ihm beim Klavierspielen über die Schulter. Die Frauen tanzen miteinander. Albins Trauzeuge Otto hält eine launige Rede. Als es kein Essen mehr gibt, ist die Feier vorbei. Am Heimweg beschäftigt Vater vor allem eines: Seine Tochter hat jetzt zwar einen Mann, ist aber keine Österreicherin mehr.

***

Der BDM beruft mich an den Wochenenden zu Ernteeinsätzen ein. Ich muss mit den anderen Stadtmädchen hinaus aufs Land. Die Bauern sind eingerückt und ihre Frauen brauchen helfende Hände. Wir klauben Kartoffeln und reißen Rüben, befreien sie grob von Erde und laden sie auf Pferdewägen. Nachts schlafen wir in der Scheune auf kratzigem Heu. Als Lohn bekommen wir mit etwas Glück Brot und Gemüse. Von der Ernte heimlich etwas abzuzweigen, trauen wir uns nicht. Die sperren dich ja ohne viel Federlesens ein.

Ganz ohne Einberufung helfe ich Onkel Willi auf den Feldern. Nach der Arbeit zeigt er mir im Feld des Nachbarn einen deutschen Flieger, den die Feinde abgeschossen haben. Der kleine Jagdflieger steckt tief in der Erde, wirkt sonst aber noch halbwegs intakt. Wahrscheinlich ist nur der Motor getroffen worden. Die Besatzung ist von den Sanis abgeholt worden. Beim Gegner wäre das anders abgelaufen. Jeder weiß, was Voreilige mit feindlicher Besatzung anstellen.

Ich laufe zur Absturzstelle und suche die Fallschirme an Bord. Die Seile sind das Beste zum Nähen. Aber jemand anderer war schneller.

***

Ich soll schießen lernen und fahre mit einer Gruppe Mädchen in eine Kaserne nach Karlstein südwestlich von Prag. Wir werden gedrillt, müssen Waffen zusammenbauen und auf Tafeln schießen. Stundenlang liegen wir im Dreck und üben mit dem MG 42 und dem Karabiner 98. Aber aus mir wird keine Scharfschützin mehr. Ich bin Linkshänderin und kann nur das rechte Auge zudrücken. Fürs Zielen ist das genau verkehrt. Außerdem zittere ich vor Kälte, obwohl ich Lederhandschuhe aus dem Geschäft trage. Die Schießausbildung dauert zwei Wochen. Tschechen führen die Unterkunft. Von der täglichen Zwiebelsuppe wird mir schlecht. Aber der Hunger treibt's rein.

Einen Tag bekommen wir Ausgang und fahren alle nach Prag. Dort löse ich mich von der Gruppe und besuche Onkel Peppi. Er arbeitet als Sanitäter in der Universitätsklinik. Wir treffen uns direkt bei ihm auf der Station im dritten Stock. Zivilisten haben eigentlich keinen Zutritt, aber Onkel Peppi ist das egal. Er kann nicht raus, weil er so viel zu tun hat.

Mir dreht es den Magen um. Es riecht nach Fäulnis und verbranntem Fleisch. Ich sehe erstmals Gesichtsverwundete: Männer mit abgeschossenem Kinn, offener Stirn, halbem Gesicht, fehlenden Augen, irgendwie zugepickten Nasen und hängenden Hautfetzen. Die Halbtoten wimmern vor Schmerzen. Ich schaffe es nicht mehr zum Klo und übergebe mich mitten am Stationsgang. Onkel Peppi entschuldigt sich. Für ihn ist das Alltag. Im Lazarett fehlt es an Material und Medikamenten. „Mund auf, Borsäure rein zum Desinfizieren, Mund zu. Mehr können wir für viele nicht mehr tun", sagt Peppi. „Die mit unverletzter Hirnschale haben eine Überlebenschance."

Ich verpasse am Bahnhof meine Gruppe und fahre allein zurück nach Karlstein. In der Dunkelheit erreiche ich die Kaserne. Mir knurrt der Magen. Ich bitte einen tschechischen Küchengehilfen noch um etwas zu essen. Zuerst ignoriert er mich. Als ich ihn noch einmal auf Tschechisch frage, wird sein Gesicht freundlich. Er war einmal Wachmann in Gablonz. Das war eine schöne Zeit, seufzt er und reicht mir Brot und Apfelsaft. Von nun an steckt er uns Gablonzerinnen immer wieder heimlich Essen zu.

***

Bewaffnete in Tropenuniformen marschieren am Lederwarengeschäft vorbei. Eine Fremdenlegion? Nein, tschechische Partisanen! Sie übernehmen die Stadt. Der Wahlonkel traut seinen Augen nicht. Wo ist die Wehrmacht? Wo ist die SS? Wir liegen an der Grenze zum Protektorat. Seit Monaten geraten Deutsche ins Visier von Widerstandskämpfern. Rund um Gablonz gibt es Aufstände. Dass Partisanen bis in die Stadt kommen, ist neu – und brandgefährlich. „Inge, lauf schnell nach Hause", sagt Josef und sperrt das Geschäft zu.

Ich schaffe es bis zur Gebirgsstraße. Dann blitzt und kracht es. Irgendwas ist neben mir am Straßenrand explodiert. Ich spüre ein Brennen unter meinem Rock. Mein Bein ist getroffen. Humpelnd laufe ich weiter. Zuhause am Küchentisch untersuche ich die Beule oberhalb des linken Knies. Mutter holt eine Pinzette und flucht: Was habe ich mir da schon wieder eingefangen? Ein Stahlsplitter steckt im Bein. Wir drücken und schieben, bis er zum Vorschein kommt. Ein guter Zentimeter will nicht heraus. Ich beobachte die Wunde einige Tage lang. Zum Arzt gehe ich nicht.

Die Deutschen verjagen die Partisanen. Ich besuche Edith. Seit der Hochzeit wohnt sie im Haus der Schwiegermutter in Schlag. Die Wohnung befindet sich direkt über der Gürtlerei. Ich brauche eine gute Stunde zu Fuß. Die Straßenbahn ist mir zu teuer. Edith und Albin haben ihre Zimmer mit nagelneuen Möbeln eingerichtet. Ein tschechischer Lehrling aus der Tischlerei hat sie ihnen schwarz verkauft. Bezugsscheine gibt es mitten im Krieg natürlich keine.

„Die Partisanen sind Luder!" Edith fällt mir in die Arme. Auch Albin und Otto sind von einer Granate verletzt worden. Aber es sind nur wenige Splitter. Sie selbst hat seit den Aufständen das Haus nicht mehr verlassen. Ihr Babybauch wird immer größer. Zum Glück wird sie als Schwangere nicht eingezogen. Seit der Hochzeit muss sie auch nicht mehr arbeiten gehen.

***

Mein Knie meldet sich. Der Splitter will einfach nicht raus! Ich versuche, Strecken abzukürzen und laufe beim Viadukt neben den Schienen über die Eisenbahnbrücke. „Was machst du da? Das ist verboten!" Ein Polizist in Zivil schreit mich an. Hält er mich für einen Partisan? „Ausweis!" Der Ordnungshüter notiert meinen Namen und jagt mich fort. Am nächsten Tag wird Vater am Rathaus befragt.

Zuhause schimpft er. Ob ich nicht, wie andere Leute auch, normal auf der Straße gehen kann? „Damit du es weißt, Inge: Wenn du einmal tot bist, brauchst du nicht mehr heimkommen!"

Auf der Straße treffe ich Herbert. Er ist ein fescher Mann geworden. Früher hat er in unserer Nachbarschaft gewohnt und beim Fleischer gearbeitet. „Warum bist du nicht im Krieg?" Herbert war vom ersten Tag an beim Polenfeldzug dabei, ist später gegen Belgien und Frankreich marschiert. Danach haben sie ihn nach Russland geschickt. Dort hat ihn ein Granatsplitter am Bauch schwer verletzt, erzählt er. Als Kriegsinvalide darf Herbert einstweilen am Arbeitsamt aushelfen. „Aber wahrscheinlich nicht mehr lange." Tatsächlich berichtet mir seine Mutter nur Wochen später, dass Herbert wieder eingezogen worden ist. „Die Wehrmacht braucht jeden Mann. Der Endsieg steht vor der Tür."

***

Ich bin bei Schreiberhau auf Lazaretteinsatz. Wir haben den Zug verlassen und nähern uns zu Fuß dem Riesengebirge. Die Russen sind nicht mehr weit und bis zur Front gibt es nur noch zwei Lazarette.
Wer unterwegs austreten muss, verschwindet im Wald. Zum Abwischen verwenden wir jedes noch so kleine Papierfutzerl.
Wer sich nicht abputzen kann, läuft sich einen Wolf. Manchen Soldaten rinnt das Blut aus den Hosen, so wund sind ihre Hintern. Im Schützengraben gibt es keine frischen Unterhosen. Es kommt kein Feldwebel vorbei und fragt: „Brauchst du eine Rolle?" Ich verwende jedes Papier mehrmals und lass' es am Rucksack trocknen. Das stinkt zwar, dafür komme ich tagelang aus. Am Weg werden wir BDM-Mädchen oft nach einem Stück gefragt. Manche sind dir jedes Fetzerl neidig. Ich muss zum Glück nur selten austreten. Kriegst du nichts zu fressen, musst du auch nicht aufs Klo.

Es dauert nicht lange, bis wir von Partisanen verwundete Soldaten finden. Sie liegen mit dem Kopf im Dreck.

Stöhnen sie, wenn wir sie umdrehen, leben sie noch. Wir schneiden ihre Uniformen auf und suchen nach Löchern. Meist sind Arme und Beine zerschossen. Die Wunden stinken fürchterlich. Haben wir noch Mullpackungen, binden wir die kaputten Körperteile ab. Bluten die Wunden zu stark oder fehlt uns die Kraft, müssen wir auf die Sanis warten. Zum Schluss heben wir die armen Kerle in Fahrzeuge oder Panjewagen und begleiten sie zum nächsten Lazarett.

***

Der Winter kündigt sich an. Schon wieder reißt mich ein Lazaretteinsatz aus dem Lederwarengeschäft – dieses Mal an der schlesischen Grenze. Vor uns gehen hundert Soldaten. Die letzte Reserve. Wer eine Waffe halten kann, bekommt die „Volkssturm"-Binde um den Arm. Viele von ihnen stehen schon mit eineinhalb Beinen im Grab. Sogar der alte Chef vom Porzellangeschäft mit seiner kaputten Hand ist einberufen worden.

Vater hat Glück, weil sie ihn noch am Friedhof brauchen, aber Onkel Willi hat mit Fuchsl einrücken müssen. Das arme Pferd ist noch in Reichenberg zusammengebrochen. Es war zu alt für den Krieg.

„Partisanenangriff! Hinlegen!" Ein Maschinengewehr rattert. Zehn Mann fallen sofort tot um. Wir sind in eine Falle gelaufen! Wieder eine Feuersalve. Ich ziehe den Kopf ein und verkrieche mich mit den anderen Mädchen hinter einer Mauer. Volkssturmmänner hasten vorbei und rufen: „Scharfschütze! In Deckung!" Der Feind hat sein Gewehr so eingestellt, dass er möglichst viele Kämpfer hintereinander ins Herz trifft.

Irgendwann kehrt Ruhe ein. Vorsichtig heben wir unsere Köpfe und versuchen, den Verwundeten zu helfen. Die noch nicht tot sind, jammern und weinen. Da kommen schon die Schwestern vom Roten Kreuz und pfeifen uns zurück. Wehrmachtssoldaten riegeln alles ab. Wir sollen das Massaker nicht sehen. Kinder und Jugendliche reden – das will die Wehrmacht nicht.

Die Heimreise ist still – so wie bei allen Lazaretteinsätzen. Wir dürfen bei den Bahnhöfen kein Aufsehen erregen. Niemand soll beunruhigt werden. Der Lazarettzug fährt langsam ein. Kinder verteilen in den Waggons Blumen, Rot-Kreuz-Schwestern kümmern sich um die Verwundeten. Soldaten, die noch gehen können, holen sich mit ihren Blechscherbeln Suppe von der Gulaschkanone.

Der alte Chef vom Porzellanladen ist gefallen. Seine Schwester wird das Geschäft in Gablonz übernehmen. Die Wehrmacht schickt ihr die Brieftasche, durch die der tödliche Schuss gegangen ist. Das Leder ist aufgebogen und immer noch blutig. Mehr ist von ihrem Bruder nicht übrig.

1945

Die Front rückt näher. Wir fürchten uns vor der Roten Armee. Die Berichte der Augenzeugen im Tagblatt sind grauenhaft. Die Sowjets wüten in Oberschlesien und richten Frauen und Mädchen arg zu. Flüchtlingsströme aus dem Osten ziehen durch Schlag. Alte, Frauen und Kinder fliehen mit Pferdewagen Richtung Westen.
Am Bahnhof drängen sich Bombengeschädigte, die nach Hause wollen. Gleichzeitig werden Verwundete ausgeladen und untergebracht, wo Platz ist. Unversehrte Soldaten sehe ich kaum, Heimaturlaub gibt es keinen mehr. Schulkinder müssen im Wald Heilkräuter für die überfüllten Lazarette sammeln. Alte Männer haben die Wahl zwischen dem Volkssturm – und dem Standgericht. In Gaststätten und Werkküchen gibt es nur noch Selbstbedienung.

Wir Frauen sollen Gesundheit und Arbeitskraft erhalten – und dürfen dafür jetzt auch aus der Ferne heiraten. Ein Telegramm genügt. Standesbeamte führen die Hochzeit durch, auch wenn der Bräutigam an der Front kämpft.

***

Ich bin schon wieder auf einem Kriegseinsatz. Mit vierzig anderen Mädchen schlichte ich in Sochaczew in Polen Schwerverletzte in den Lazarettzug. Die Bänke und Hängematten sind sofort belegt, für viele bleiben nur die Gänge. Jeder versucht, sich irgendwo anzulehnen und zu schlafen. Die Verwundeten bekommen ein Stück Kommissbrot unter den Arm und Tee aus Gras, Blümchen und Kräutern. Für uns BDM-Mädchen gibt es sogar eine Tasse Kaffee und einen eigenen Schlafwaggon, in dem es weniger nach Blut und Verbänden stinkt.

Am Dach des Lazarettzuges und an den Seiten sind Rot-Kreuz-Tücher aufgespannt, damit wir nicht angegriffen werden. Weil sich der Feind nicht unbedingt daran hält, bleibt unser Zug möglichst in Bewegung, ändert oft die Richtung und hält nur außerhalb der Städte. Wenn Sirenen aufheulen, stürmen wir aus dem Zug und verkriechen uns. Bei Entwarnung eilen wir zurück, damit er nicht ohne uns weiterfährt. Sonst heißt es am Ende noch: „Fahnenflucht!"

Draußen hat es minus 31 Grad. „Pass' auf deine Nase und die Ohren auf. Achte auf weiße Flecken", mahnen mich die Rot-Kreuz-Schwestern. Wo die Haut direkt am Knochen anliegt, ist es am gefährlichsten. Wer seine Hände nicht trocken hält, kann innerhalb von Sekunden überall anfrieren – etwa an Türklinken. Ich könnte mich dafür ohrfeigen, dass ich nur eine dünne Haube mitgenommen und den Schal erst gar nicht eingepackt habe! Nach wenigen Tagen rinnt meine Nase. Der Rotz auf der Oberlippe vereist, wenn ich ihn nicht sofort wegwische. Meine Augen schwellen an und ich bekomme keine Luft mehr. Meine Stirn fühlt sich an wie Gelee. Ich muss mich krankmelden.

Diagnose Nebenhöhlenentzündung. Ein junger Arzt mit Schmiss punktiert mich jeden dritten Tag. Seine Uniform ist die eines Offiziers bei der Luftwaffe, aber die Deutschen haben fast keine Flieger mehr. Er spritzt mir lauwarme Flüssigkeit in die Nase. Das schmerzt höllisch. Ich zucke bei jedem Stich zusammen und rutsche immer weiter in den Sessel hinein. Der Offizier lässt meinen Kopf von zwei Krankenschwestern fixieren.

Die Entzündung bleibt. Trotzdem arbeite ich weiter im Lazarettzug. „Mädel, ich kann dich nicht operieren", seufzt der Arzt. Normalerweise würde er mir ein Fenster in den Gaumen schneiden und den Eiter rausholen. Aber das ist ihm zu riskant. Ihm fehlen die Medikamente und wenn die Russen kommen, liege ich da. Er gibt mich also auf, drückt mir Papiere in die Hand und schickt mich nach Hause.

„Ausweise! Ausweise!" Die Kettenhunde rufen. Sie sind am Bahnhof auf der Suche nach desertierten Soldaten. Die Männer dieser Einheit tragen Blechschilde um den Hals, ihr Ruf eilt ihnen voraus. Seit es keine privaten Reisen mehr gibt, kontrollieren sie auch Zivilisten. Ich bin zum Glück uninteressant und kann schnell in den alten, klapprigen Zug nach Hause steigen.

Mutter weiß nicht, was sie mit mir anstellen soll. Die Wärmflasche bringt genauso wenig wie stundenlanges Inhalieren über heißem Kamillenwasser. Also überredet sie den Apotheker, Lebertran für meine Nase zu besorgen. Zu kaufen gibt es sowas längst nicht mehr. Trotzdem findet er einen Weg. Das Zeug stinkt wie die Pest. Die Kopfschmerzen sind unerträglich. Mein Hausarzt spritzt mir täglich eine Flüssigkeit in die Nase. Ich halte eine Schale unter mein Gesicht und lasse den gelösten Eiter hineintropfen. Über jeden Batzen bin ich froh.

Nach einigen Wochen arbeite ich wieder im Lederwarengeschäft. Zwischendurch laufe ich von Apotheke zu Apotheke und hoffe, dass sie etwas zum Einspritzen bekommen haben. Mittlerweile kennen sie mich alle wie einen bunten Hund. Aber es hilft nichts. Ich muss diese Entzündung loswerden, sonst bekomme ich eine faulig riechende Stinknase oder eine Gehirnhautentzündung. Und dann ist es aus mit mir.

***

Es dröhnt in meinem Kopf – und am Himmel. Die Amerikaner bombardieren Dresden. Wir sollen alle hinunter in den Keller. Ich will aber nicht verschüttet werden und sehe mir lieber den Himmel über Gablonz an. Er ist übersät von Bombern, die zum Abwurf bereit sind. Die

Nacht ist so klar, dass ich sogar das Licht über Dresden sehen kann. Ich bin bei weitem nicht die Einzige, die schauen gegangen ist.

Beim Gaswerk hat die Wehrmacht die Phönix-Flak aufgestellt. Ich hab' sie selbst nie gesehen, aber es soll die neueste Flakabwehr sein – mit endlos langen Rohren und enormer Reichweite. Ihre Schüsse klingen wie naher, heftiger Donner. Seit Stunden schießt sie auf zurückfliegende Feinde, aber trifft keinen einzigen.

Auch am nächsten Tag brummen die Amerikaner wieder über Gablonz. Ein Geschwader nach dem anderen. Der Wahlonkel steht besorgt vor dem Lederwarengeschäft: „In Dresden müssen sie Entsetzliches durchmachen." Am Himmel ist keine einzige Wolke zu sehen. Für die Amerikaner könnte es nicht besser laufen. Wieder brummt ein Geschwader über Gablonz. Wir sperren das Geschäft für heute zu. Wer weiß, wo die Amerikaner ihre übrig gebliebenen Bomben abwerfen.

***

Ich bin wieder gesund – und wieder auf Lazaretteinsatz. Auf der Rückreise halten wir in Wien. Die Staatsoper ist bombardiert worden, genauso wie der Heinrichshof gegenüber.

Fliegeralarm! Es kracht und donnert. Von meiner Deckung aus sehe ich vereinzelte Tiefflieger, nicht einmal ein Geschwader. Sie überfliegen mich, ohne zu schießen.

Aber ein paar Straßen Richtung Favoriten hinauf liegen Tote in den Splittergräben. Da muss eine Salve durchgegangen sein. Der Staub verdeckt das Schlimmste. Ich will nur nach Hause.

Ich bin so müde von den Einsätzen und Alarmen. Zurück in Gablonz fallen mir im Gehen die Augen zu und ich laufe gegen einen Laternenpfahl. Als ich heimkomme, ist unsere Wohnung leer. Die Nachbarin erklärt: „Das Kind ist schon da!" Schlagartig bin ich wieder munter. Mutter ist bei Edith und ihrem fünf Tage alten Sohn. Er heißt Dietmar. Endlich eine gute Nachricht! Um keine Zeit zu verlieren, setze ich mich in die Straßenbahn. Gesunde Kinder sind das höchste Glück unseres Volkes, behauptet die Maizena-Reklame. Mein kleiner Neffe hat blaue Augen und dunkelblonde Haare. Er ist nicht nur gesund, sondern auch wunderschön!

***

„Der Feind bedroht jetzt auch unsere Heimat", verkündet der Gauleiter und spricht von der letzten Phase des Krieges. Er erinnert uns daran, dass wir gelobt haben, in guten und bösen Tagen zum Führer zu stehen. Immerhin habe Hitler uns nach bitterer Leidenszeit vor sieben Jahren ins Reich heimgeholt. Er appelliert an die alten Volkssturmmänner, das Leben ihrer Frauen und Kinder zu schützen. Und wir Frauen sollen verzagte Soldaten wieder aufrichten, weil sonst unsere Kinder nach Sibirien verschleppt werden.

Die Regale in den Geschäften sind leer. Der Nachschub stockt. Die Rationen für Lebensmittelkarten werden kleiner, der Hunger größer. Sparsamkeit ist das Gebot der Stunde. Im Tagblatt lesen wir, wie gut Brotrinde schmeckt und sättigt. Die Geschmacksstoffe in der Rinde sollen den Magensaft fördern. Na dann.

Die Stadt dreht täglich stundenlang Strom und Gas ab. „Klein gedreht, groß gespart." Wer keine Kohle hat, tut sich beim Kochen schwer. Zum Glück kann Edith stillen und muss ihrem Baby kein Flascherl wärmen.

Eine triste Zeit. Weil Gemüse wichtiger ist, darf niemand mehr Zierblumen säen. Wir Frauen sollen lieber in den Wald gehen und Wildkräuter sammeln – für Brennnessel-Spinat und andere Delikatessen. Laut Tagblatt schmeckt Löwenzahn besonders gut mit Kartoffeln. Schon wieder Kartoffeln. Ich hasse Kartoffeln. Es vergeht kein Tag, an dem wir keine essen. Kartoffeln kommen schon in meinen Träumen vor – und in Zeitungssprüchen: „Hört auf Tollerheinrich: Esskartoffeln gebet nie als Futter für das liebe Vieh." Und: „Onkel Knollrich weiß: Halt dunkel deine Kellerräume, sonst treiben allzu schnell die Keime." Pellfriede „fürchtet Frost an Wintertagen, weil übel-süß mir wird im Magen".

***

Widerstandskämpfer kontrollieren erneut Gablonz. Sie stehen auf allen großen Straßen, sekkieren Deutsche und nehmen ihnen Uhren, Schmuck und Eheringe ab.

Wir schließen das Geschäft. „Mäderl, du darfst da nicht gehen, das ist gefährlich", warnt mich am Heimweg der Tscheche, der Schusterzubehör verkauft. „Wenn dich die Partisanen erwischen, verschleppen sie dich in den Wald." Er weiß, dass ich beim BDM bin. Trotzdem begleitet er mich bis vor die Haustür, damit mir nichts passiert.

Edith und Albin werden beim Spaziergang am Waldrand beschossen. Die Kugeln pfeifen knapp über ihre Köpfe hinweg. Sie spüren den Luftzug und verstecken sich im Wald. Erst nach einer Stunde trauen sie sich wieder heraus. Geduckt eilen sie den Waldweg entlang. Zuhause hat Ediths Schwiegermutter den kleinen Dietmar gehütet und sich große Sorgen gemacht.

Kaum hat die Wehrmacht die Partisanen verjagt, bin ich wieder in BDM-Uniform. Die Front ist noch näher gerückt. Junge Männer sind aber keine mehr da, also müssen wir Mädchen ins Ausbildungslager, um die Stadt verteidigen zu können.
   Mir ist mulmig zumute. Das Lager befindet sich am Schwarzbrunn, dem Hausberg von Gablonz. Die Grenze zum Protektorat ist nahe. Partisanen treiben sich in den Wäldern herum, besonders in der Dunkelheit muss man mit Überfällen rechnen.
   „Wenn du merkst, dass es kritisch wird, stell' deine Puschka in den Winkel und geh' heim!" Vater blickt mir besorgt nach, als ich mich auf den Weg mache. Der Volkssturm hat die Straße ins Protektorat mit Sperren

aus Holz gesichert. Baumstämme gegen Panzer. Der Wert der Sperren liegt in den Männern, die sie verteidigen, sagt der Gauleiter. Männer sehe ich keine, dafür Berge an Munition und SS-Emblemen. Soldaten, die von der Front geflohen sind, haben sie liegen gelassen.

„Wir üben für den Endsieg!" Ein einarmiger Unteroffizier brüllt uns am Schießplatz an und drillt uns Mädchen bis zur Erschöpfung. Karlstein war dagegen ein Kindergeburtstag. Wir müssen hart und gefühllos werden, schreit er. Die harte Zeit will es so. Am Nordhang schießen wir mit dem MG 42 und dem Karabiner 98 auf Tafeln. Wir zerlegen Panzerfäuste in Stiel, Blechkugel und Batterie und setzen sie wieder zusammen.

Im Ernstfall sollen wir mit der Panzerfaust aus nächster Nähe auf Feindpanzer schießen. Wer flieht, fällt, behauptet der Unteroffizier. Die Bedienung ist kinderleicht. Sicherungsdraht lösen, Visier hochklappen, entsichern. Wenn man jetzt auf die Klinke drückt, geht der Schuss los. Aber auch nach hinten. Der Feuerstrahl der Treibladung kann auf drei Meter tödlich sein.

Mitten in der Übung fällt dem Mädchen neben mir die Panzerfaust aus der Hand. Wir laufen um unser Leben. Die Explosion bleibt aus. Nach einer Schrecksekunde brüllt der Unteroffizier wieder. In seinen Augen steht die Verzweiflung. Wir sollen sofort die Waffen wieder abgeben und schauen, dass wir nach Hause kommen.

***

Der Führer ist tot. Es gibt keine BDM-Treffen und keine Hitlerjugend mehr. Die Parteiabzeichen verschwinden von den Rockaufschlägen. Wien ist schon gefallen. Nach den Bombenangriffen soll es dort kein Glasfenster mehr geben. Stattdessen nur noch Bretter und Fetzen. Aber Österreich hat seine Unabhängigkeit erklärt. Vater freut sich leise: „Wir sind keine Deutschen mehr."

Zum 19. Geburtstag schenken mir die Eltern einen Pullover – in hellrot! Keine Ahnung, wo sie den aufgetrieben haben. Ich freue mich riesig, alle meine anderen Sachen sind grau-braun. Ottos Nachbar hat weniger Freude: „Mädel, geh' mit deinem roten Pullover runter von der Straße, sonst schießen sie auf uns!" Er hat Angst vor den Russen. Seit kurzem fliegen Jagdbomber tief über die Stadt und machen Wirbel. Wenn sich etwas bewegt, sehen sie es von weitem. Bei Angriffen sollen wir deshalb in Deckung gehen oder uns im Schatten auf die Erde legen. Keine gute Taktik gegen Bomben. Ich habe Granatkartuschen gefunden, die einen halben Meter lang sind.

Bis jetzt haben die Bomben nur den Wald, Felder und Wiesen getroffen. Trotzdem sind in Gablonz alle vorsichtig. Geschäfte müssen die Gitter vor den Schaufenstern offenlassen, damit Brände schneller gelöscht werden können. Hausfrauen sollen die Möbel von den Fenstern wegrücken und die Vorhänge abnehmen. Mutter denkt gar nicht daran.

***

Auch Vater hat Angst um meinen Kopf, aber nicht wegen des roten Pullovers. „Inge, pass' auf! Du hast nichts gesehen, du hast nichts gehört", mahnt er. „Und am besten sagst du auch nichts!" Die Zeitungen zeigen Fotos von aufgehängten Deserteuren. Gleichzeitig verschwindet das Militär, räumt Lager und Lazarette.

Am Heimweg mäht mich ein schweres Motorrad mit Beiwagen fast nieder. Drauf sitzt ein fescher Kerl, ein SSler. Ich kenne ihn aus dem Lederwarengeschäft. Er flieht Richtung Isergebirge, genauso wie die anderen deutschen Bonzen und Polizisten.

Alle sind weg, sagt der Wahlonkel. Sie haben Angst vor den Russen und Tschechen. Aus gutem Grund.

Mit dem Rückzug der Wehrmacht kommen die Partisanen aus dem Untergrund. Ich sehe den Schneider, der uns die Hubertusmäntel genäht hat. Er trägt Maschinenpistole und rote Binde, genauso wie der Tischlerlehrling, der Edith die Möbel angefertigt hat, und der Verkäufer vom Lebensmittelgeschäft, der mir oft ein Stück Schokolade geschenkt hat. Sie alle waren im Widerstand.

Die verbliebenen SSler versuchen, ihre Blutgruppen-Tätowierung loszuwerden. Einige bitten Ärzte, die Buchstaben unter ihren Armen rauszuschneiden. Aber das Risiko einer Infektion ist hoch. Andere versuchen, die Tätowierung zu verätzen. Der Rest hofft, dass die

Tinte schon verblasst genug ist. Die jüngeren SSler sind erleichtert, dass sie nicht mehr tätowiert worden sind. Irgendwie erschütternd, dass der Krieg verloren ist. Es ist nicht unsere Niederlage. Die Deutschen haben verloren – aber trotzdem.

***

In Wäldern und an den Straßenrändern liegen weggeworfene Waffen. Für Kinder ist das spannend. Leider. Tante Annl erzählt mir vom Sohn ihrer Nachbarin, der mit einer Eierhandgranate gespielt hat. Was genau passiert ist, weiß keiner. Nur, dass plötzlich die anderen Kinder geschrien haben. Dem Sechsjährigen hat es die Hand weggefetzt. Der Drogist hat den Buben mit seinem Vehikel ins Spital gebracht. Am Heimweg sehe ich noch die Blutlache in der Wiese. Daneben steht seine Mutter, die noch nicht weinen kann.

Am Weg zu Edith nach Schlag entdecke ich einen toten Soldaten in der Wiese. Er hält seine Pistole noch in der Hand. Es ist ein deutscher Offizier, nicht mehr der Jüngste. Ein Höherer, die Achselklappen abgerissen.
 Wahrscheinlich ist er von der Front abgehauen, hatte keine Kraft mehr und die Schnauze voll. Damit ist er nicht allein.
 Der NSDAP-Kreisleiter von Gablonz hat seine Familie und sich selbst vergiftet. Die Gablonzer sind wütend, weil sein Haus angeblich mit den besten Lebensmitteln und Spirituosen gefüllt war. Er ist eh so dick gewesen.

„Zu Hilfe! Die wollen sich das Leben nehmen!" Die Nachbarin trommelt gegen unsere Wohnungstür. Vater läuft in das Wohnhaus gegenüber. Ich komme mit und sehe die Familie halbtot im Wohnzimmer liegen: Tochter, Mutter und Vater. Er war bei der SA und hat sich zuerst über jeden großen Sieg gefreut. Danach ist er froh gewesen, in einem Rüstungsbetrieb arbeiten zu dürfen. Jetzt liegt er benommen mit seiner Frau auf der Couch. Die Tochter hängt, in einem Polsterstuhl versunken, daneben. Sie ist mit mir in die Schule gegangen. Alle drei haben aufgeschnittene Pulsadern. Auf der Couch ist kaum Blut zu sehen. Sie werden es vorher am Klo auslaufen haben lassen. Alle drei wirken, als würden sie schlafen. „Inge, das Verbandszeug!", ruft Vater. „Schnell!"

Für meine Freundin Bertl kommt hingegen jede Hilfe zu spät. Ihr Vater erschießt sie, ihre Mutter und sich selbst. Ich kann es nicht glauben. In anderen Familien richten sich nur die Eltern. Die Kinder bleiben allein zurück. Was ist das für eine Scheißzeit.

***

Wir überlegen die Flucht. Mutter schüttelt den Kopf. Zumindest verstecken wir die Hakenkreuzfahne und meinen BDM-Binder im Keller. Mutter will auch die schönen Abzeichen vom Winterhilfswerk wegschmeißen. Nur mein Jugendsportabzeichen kann ich retten.

Im Radio und im Tagblatt berichten sie über Erfolge der Wehrmacht, abgeschossene Flieger und versenkte Schiffe: „Unter der Fahne Hitlers ist uns der Sieg gewiss." Dabei ist Hitler tot und die Rote Armee bereits in Dresden. Die Gablonzer hängen weiße Leintücher und Bettlaken aus den Fenstern. Niemand grüßt mehr mit „Heil Hitler". Ehemalige Zwangsarbeiter und Kriegsgefangene ziehen mit den Partisanen plündernd durch die Stadt. Tschechen mit roten Armbinden spielen sich als Ordnungshüter auf und beschimpfen Deutsche als Nazischweine. Es fahren keine Busse mehr. Alle warten in den Wohnungen auf die Russen. Wir sperren das Geschäft schon am Vormittag zu.

Ich schwitze Blut. Niemand ist zuhause. Vater wird noch in der Arbeit sein, aber wo ist Mutter? Was ist, wenn die Russen kommen? Ich lege meine Armbanduhr auf die Kredenz. Sechs Stunden warte ich schon. Dann öffnet sich die Tür. Mein Herz klopft.

Die Eltern sind zurück! Mutter weint. Sie war mit Tante Elsa in Maffersdorf beim Großvater, der im Sterben liegt. 80 Jahre sind ein hohes Alter. Nun hat sein Geist aufgegeben, weil der Krieg verloren ist. Mutter hat ihn noch ein letztes Mal sehen wollen. Wenn auch nur für wenige Augenblicke. Danach sind Mutter und Tante Elsa voll Angst und Bangen nach Hause geeilt – zu Fuß über den Proschwitzer Kamm. Auf der Straße wäre es zu gefährlich gewesen. Im Wald haben sie Wehrmachtssoldaten getroffen, die sie sicher bis nach Gablonz gebracht haben. Keiner von denen wird wieder zu einer deutschen Einheit zurückkehren, erzählt Mutter.

***

In der Nacht kommen die Russen. Soldaten springen von Last- und Panjewagen ab, schlagen auf einer Wiese ums Eck ihre Biwaks auf und beginnen, Wohnungen zu durchsuchen. Niemand bringt ein Auge zu. Als es an unserer Tür klopft, bleibt mein Herz stehen. Kalmücken betreten unsere Wohnung – junge Mongolen mit Schlitzaugen. „Soldat? SS?" Sie halten uns ihre Puschkas vor die Nase. Kopfschütteln. Schon sind sie wieder weg – und mit ihnen meine Armbanduhr auf der Kredenz. Meine schöne Uhr!

Am Morgen ist für uns der Krieg vorbei. Gablonz ist besetzt, die Deutschen haben kapituliert. Die Sonne scheint, die Straßen sind wie ausgestorben. Russen ziehen um die Häuser, um Geschäfte und Gasthäuser zu plündern. Auf der Bastei feiern sie Gelage mit Kartoffelschnaps.

***

Vater blockiert mit einem Holzpflock die Klinke der Kellertür. Doch sie finden andere Wege. Bewaffnete Tschechen in Tropenuniformen schlagen in der Nacht im Erdgeschoss die Fenster ein, streichen mit Bajonetten das Glas aus dem Rahmen und stehlen beim Nachbarn wie die Raben. Tags darauf treten jugoslawische Partisanen die Kellertür ein und kommen bis zu uns hinauf. Sie tragen Waffen und schwarze Uniformen wie die SS, nur ohne Schulterklappe. Mutter fällt vor Schreck das heiße Brenneisen auf den Boden. Wir sollen ruhig bleiben, geben sie uns zu verstehen, dann passiert nichts. Die Partisanen rollen Vaters frisch gebügelte Hemden zusammen, stecken sie ein und ziehen weiter.

***

Die Kalmücken hatten es auf Soldaten und Beute abgesehen. Jetzt kommen ältere Russen, die froh sind, wenn sie eine Frau erwischen. Die Tochter vom Glasdrucker ist vergewaltigt worden. Sie wohnt nur ein paar hundert Meter von uns entfernt. Sie schnappen sich, wen sie kriegen. Mutter und ich verhalten uns still. Wie kommen wir denn dazu?

Gelage, Plünderungen und Vergewaltigungen sind Alltag. Also bleiben die Geschäfte zu. Erst als die tschechische Polizei wieder für Ordnung in Gablonz sorgt, kriechen alle vorsichtig aus ihren Löchern. Bei uns ist die Kommandantur, deshalb müssen wir weniger Angst haben. Am Land streunen die Soldaten weiter herum. Zwei jüdische Ärzte sind zurück in der Stadt. Einer war bei Ediths Geburt dabei. Sie helfen den verletzten deutschen Frauen und geben ihnen Medikamente, damit sie nicht schwanger werden.

***

„Hier gibt es nichts zu holen!" Onkel Willi bekommt Ärger mit den Russen. Sie fordern von den Bauern Alkohol, weil es in der Stadt zu wenig Schnaps gibt. Hund Waldi ist gestorben und kann Willi nicht mehr verteidigen. Doch Dunja hält die Eindringlinge in Schach und schickt sie zum Teufel. Ausgerechnet Dunja! Sie hat nichts zu verlieren, sagt sie. Zwangsarbeiterinnen sind für die Rote Armee Verräterinnen, die von den Deutschen womöglich „umgedreht" worden sind. Dunja ist sich sicher: „Nach Hause werden wir nicht kommen."

***

Alle deutschen Männer zwischen achtzehn und fünfzig Jahren müssen sich um zehn Uhr auf der Bastei melden. Kaum jemand drückt sich, das Risiko ist zu groß. Die Tschechen werden aufgefordert, versteckte Deutsche anzuzeigen. Die Russen registrieren, durchsuchen und befragen die Männer. Dann müssen sie marschieren. Keiner weiß wohin. Wahrscheinlich wissen es nicht einmal die Russen.

„Dawai! Dawai!" Ich sehe die Kolonne auf meinem Weg ins Lederwarengeschäft. In den Gesichtern steht die Angst. Die Russen treiben die Deutschen an und verteilen Schläge. In den Reihen entdecke ich den Wahlonkel. Josef humpelt mit seinem Gehstock den anderen nach. Seine Zehen sind an der Front im Großen Krieg erfroren.

Albin entdecke ich nicht. Als Kriegsinvalide darf er zuhause bleiben. Eineinhalb Tage hören wir nichts. Plötzlich steht Josef wieder im Geschäft. Er ist erschöpft, aber am Leben. Seit 36 Stunden hat er nichts gegessen. Die Russen haben alle erschossen, die nicht weitergehen konnten, erzählt er. Um dem sicheren Tod zu entgehen, ist er bei erster Gelegenheit geflohen. Irgendwie hat er sich absetzen und nach Hause humpeln können. Nach und nach kommen mehr Männer zurück, viele sind verletzt. Die Russen haben den Marsch wohl an der polnischen Grenze aufgelöst.

***

Auf der Straße treffe ich Otto. Ich habe Albins Freund und Trauzeugen seit der Hochzeit nicht mehr gesehen. Er hat noch nach Russland müssen und ist dort verwundet worden.

„Ein Durchschuss am linken Schulterblatt – ein großes Glück." So ist er gerade noch rechtzeitig von der Front abgezogen worden. Obwohl er starke Schmerzen in der Schulter hat, malt uns Otto ein rot-weiß-rotes Schild mit der Aufschrift „Österreicher" für unsere Wohnungstür. Das ist wichtig, uns hassen sie nicht so. Österreich gilt als Opfer des Krieges.

„Wir können nichts mehr abheben. Alles ist konfisziert, alle Ersparnisse weg!" Mutter ist auf der Bank gewesen, jetzt kämpft sie mit den Tränen. Als Österreicher dürfen wir zumindest weiter arbeiten gehen. Für Vater gibt es am Friedhof genug zu tun. Er ist nicht dumm, hat eine schöne Schrift und ist bereit, Tag und Nacht zu arbeiten. Also lassen ihn die Tschechen sogar Begräbnisse organisieren. Ich verkaufe wieder im Lederwarengeschäft. Am Weg dorthin bleibe ich allerdings auf den großen Straßen und meide die finsteren Schnappmessergassen. Nur Mutter bleibt zuhause. Die Verpflichtung ist vorbei und die Bank braucht sie nicht mehr.

Edith und Albin haben als Deutsche ein schlechtes Los. Sie verlieren alle Rechte und sind vogelfrei. Sie können überall geschlagen und beleidigt werden. Es geht ihnen jetzt so wie vorher den Juden: Sie bekommen andere Lebensmittelkarten als Tschechen – Hungerrationen ohne Fleisch, Butter und Milch. Sie dürfen nicht mehr mit der Straßenbahn fahren, ihre Kinder in die Schule schicken oder am Abend die Wohnung verlassen. Und sie werden gezwungen, eine weiße Stoffbinde zu tragen – fünfzehn Zentimeter breit, am linken Arm. Nur kleine Kinder sind ausgenommen. Wer sich nicht daran hält, wird festgenommen. „Eine Frechheit", schimpft Albin.

Gegenüber vom Lederwarengeschäft schlägt ein Tscheche einem Deutschen so fest ins Gesicht, dass er auf die Straße stürzt. Die Deutschen haben es früher mit Tschechen und Juden genauso gemacht. Selbst mich gehen sie auf der Straße an. Vielleicht sollte ich mir auf die Stirn schreiben, dass ich Österreicherin bin. Kein Schwein spricht mehr Deutsch. Ich habe meine alten Schulhefte hervorgekramt und begonnen, mit den Eltern Tschechisch zu lernen.

***

An Ediths 21. Geburtstag gehe ich früher von der Arbeit nach Hause. In der Brunnengasse kommt mir ein Bus entgegen. Ich winke Margot zu, die mit einem Taschentuch in der Hand am Fenster sitzt. Sie ist mit Edith in die Schule gegangen, ihre Eltern waren Baumeister in Gablonz. „Mit dem Bus bringen sie Mädchen nach Reinowitz ins Lager", erzählt Edith. Das ehemalige Sägewerk haben eigentlich die Deutschen für Juden, unbequeme Tschechen und Polen umgestaltet. Rundherum ist Sperrgebiet gewesen. Niemand hat damals etwas davon wissen wollen, aber alle haben Bescheid gewusst. Jetzt sammeln sie dort die Deutschen, bevor es Richtung Osten geht.

„Aha, die sind auch nicht mehr da." Die versiegelten Wohnhäuser in der Stadt werden mehr. Großvater Johann hat Glück, dass er tot ist. Die Tschechen haben sich sein Haus mit dem schönen Garten schon gekrallt. Seine zweite Frau Hermine ist ins Lager gekommen und ausgesiedelt worden.

Ich mache mir Sorgen um Edith und Albin. Sie könnten auch enteignet werden. Die Gürtlerei hat schon einen Správce, also einen tschechischen Verwalter. Die Schwiegermutter arbeitet jetzt für ihn. Albin hat Glück, dass er nicht für Zwangsarbeiten eingesetzt wird. Als

Invalide darf er vorerst in den Büllmann-Werken bleiben. Edith kennt Deutsche, die vorsorglich ihre Koffer packen. Aber wie packt man für eine Reise in ein Lager?

„Wer gehen muss, zieht mehrere Hemden und Unterhosen übereinander an", erzählt Ingrid. Sie war mit mir in der BDM-Gruppe und ist nach Ungarn verschleppt worden. Irgendwie hat sie es wieder zurück nach Gablonz geschafft. Ingrid hat Familien gesehen, die in Lagerhallen auf Stroh am Boden geschlafen haben und in Vieh- oder Kohlewaggons gepfercht aus dem Land gebracht worden sind.

Was mit den Vertriebenen passiert, weiß niemand. Sie sind staatenlos, niemand will sie aufnehmen. Hunderte Deutsche sind vor der polnischen Grenze ausgesetzt worden, wird erzählt. Sie haben tagelang im Freien oder in Eisenbahntunneln übernachtet. Die Polen haben sie nicht rein- und die Tschechen nicht zurückgelassen. Es hat kaum Essen gegeben. Kranke, Gebrechliche und Säuglinge sind gestorben. Die tschechischen Bauern haben sich nicht getraut zu helfen. Nicht einmal den Kindern.

***

Otto hat starke Schmerzen an seinen Narben. Als Deutscher findet er aber keinen Arzt, der ihn behandelt. Unser Hausarzt ist aus Ungarn, vielleicht kann er helfen. Otto bittet mich, ihn zu begleiten.

Im Wartesaal starren alle auf seine weiße Armbinde. Ich bleibe sitzen, als Otto im Behandlungszimmer verschwindet. Im Vorbeigehen flüstert mir die Frau des Arztes zu, dass jemand die Polizei gerufen hat. Zu spät, schon stehen zwei Tschechen in der Ordination. Den Dunkelhaarigen kenne ich, er hat früher in der Redlhammer-Fabrik gearbeitet – dienstverpflichtet, nicht freiwillig. Am Weg zur Arbeit ist er jeden Tag an unserem Haus vorbeigegangen. Jetzt ist er bei der geheimen Staatspolizei. „Ausweis! Mitkommen! Aber schnell!", brüllt er mich an. Der andere sucht Otto, findet ihn aber nicht. Der Gauner wird abgehauen sein. Mich hat er stehen gelassen. Typisch Mann.

Die Polizisten verhören mich im Wachzimmer in der Talstraße. „Ich hab' dich früher mit BDM-Uniform gesehen. Warum trägst du keine weiße Binde, Deutsche?" Der Tscheche grinst niederträchtig: „Sag: ‚Heil Hitler'!" Aber ich bleibe stumm. Laut überlegt er, was er mit einem Wendehals wie mir alles anstellen wird. Da kommt der Sohn unseres früheren Hausarztes in Polizeiuniform herein. Eigentlich hat er Medizin in Prag studiert. Zu Kriegsende haben die Tschechen dann aber halbwegs intelligente Leute gesucht. Seitdem sind Hinz und Kunz bei der Polizei. Als ich ihn begrüße, ist ihm das sichtlich unangenehm. Der Doktor weiß, dass ich Österreicherin bin. Also müssen sie mich gehen lassen.

Die Geheimpolizei hat Otto doch noch erwischt und eingesperrt. Einen Grund brauchen sie nicht. Willkür und

Rache reichen. Manche Verhafteten sind politisch aktiv gewesen. Oder sie haben ein Geschäft, das jemand übernehmen will. Im Nachbarhaus haben sie einen Deutschen mitgenommen und halb erschlagen. Dabei hat er sich nichts zuschulden kommen lassen. Die Tschechen müssen ihn mit seinem Bruder verwechselt haben, der tatsächlich was am Kerbholz gehabt hat. Der ist vom Krieg aber nicht zurückgekommen. Den Tschechen ist das egal.

Otto hat früher für einen Gürtler gearbeitet, der ein Goldfasan bei der NSDAP war. Wohl deswegen muss er sich jetzt mit zehn anderen eine Einmannzelle teilen.
Tagsüber stehen und hocken die Häftlinge, nachts schlafen sie wie Sardinen geschlichtet am Boden, damit sie ihre Beine irgendwie unterbringen. Ein Eimer in der Ecke muss für die Notdurft reichen. Zum Essen und Waschen bekommen sie fast nichts. Als Otto freikommt, sieht er aus wie ein anderer Mensch. Über die Vorfälle in Haft verliert er kein Wort. Ich bin erleichtert, ihn zu sehen. Andere werden nach Russland deportiert.

***

Meine Cousine Trude kommt vom Einkaufen nicht zurück. Sie ist erst 14 Jahre alt und sieht mit ihren Zopferln noch jünger aus. Erst nach Tagen erfahren wir: Sie ist in Gablonz in eine Straßenkontrolle geraten und zur Zwangsarbeit mitgenommen worden. Seither muss sie auf einem Gutshof im Tschechischen als Hausmädchen arbeiten. Tante Elsa und Onkel Johann versuchen über Kontakte zur Polizei, sie irgendwie zurückzuholen.

***

„Und, Inge? Du brauchst nicht putzen gehen? Du glaubst wohl, du bist was Besseres!" Die Tschechen holen deutsche Mädchen aus der Stadt, damit sie nach den Gelagen der Soldaten saubermachen. Sudetendeutsches Freiwild. Leider gefällt das der tschechischen Nachbarin. Vor ein paar Wochen hat sie uns noch um Hilfe gebeten, jetzt schwärzt sie mich überall an. Dabei war das blöde Aas selbst so deutsch.

Anfangs ignoriere ich ihr Geschrei, dann gehe ich aber doch mit einem Kübel in der Hand zum Lyzeum, der früheren Mädchenschule. Vielleicht ist dann endlich Ruhe. Verwundete sind hier keine mehr. Ich weiß nicht, wo die hingebracht worden sind. Auch auf den Straßen sieht man keine Gesichtsverletzten mehr.

„Inge, was willst du hier?" Emil ist besorgt, als er mich mit Putzkübel sieht. Mein ehemaliger Schulkollege hat seinen Nachnamen geändert und tut jetzt so, als wäre er Tscheche. Vielleicht ist er auch immer Tscheche gewesen und hat vorher so getan, als wäre er Deutscher. Ich kenne viele, die sich während des Kriegs an ihre deutschen Wurzeln erinnert haben – und sie jetzt wieder vergessen. Wie praktisch. Als ich Emil von der Nachbarin erzähle, schüttelt er den Kopf. „Die Soldaten hier sind alle besoffen wie sonst was. Ich bitt' dich, geh' wieder heim."

***

Ich komme mit vielen Tschechen weiterhin gut zurecht. Zumindest mit den einheimischen. Schwierigkeiten machen die Goldgräber, die von auswärts in die Stadt strömen, um Beute zu raffen. Sie zeigen auf die schönsten Stücke und sagen: „Gefällt mir, gehört schon mir." Wie soll man sich wehren? Ein nobel gekleideter Tscheche betritt das Geschäft. Er hat denselben Anzug wie Josef, staune ich. Da flüstert mir der Wahlonkel zerknirscht zu: „Das ist meiner. Ich habe ihn hergeben müssen."

Eine jüdische Familie ist zurück und interessiert sich für eine Aktentasche. Ich zeige ihnen eine Auswahl, sie suchen sich eine Tasche aus Schweinsleder aus. Dann verlassen sie das Geschäft – ohne zu bezahlen. Ich will sie aufhalten, aber Josef hält mich zurück.

Das ist alles nichts. Denn kurze Zeit später poltert ein golden dekorierter Russe ins Geschäft. Seinen Lastwagen hat er auf der Straße geparkt. „Koffer aufladen", befiehlt er. Danach ist seine Ladefläche voll und unser Lager leer. Ans Bezahlen denkt er natürlich nicht. Wir müssen froh sein, dass er wieder geht. Die Russen stehlen alles, was nicht niet- und nagelfest ist. Ich sehe Soldaten, die Industriemaschinen aus Betrieben und Klomuscheln aus den Schulen tragen. Klomuscheln!

Einfach abmontiert, ganze Züge beladen. Eine Kundschaft behauptet, die Russen kennen das nicht: „Sie trinken daraus und waschen sich darin!"

**

Margit und Josef werden enteignet. Die Wohnung ist schön, die nehme ich, soll der Tscheche gesagt haben. Sie müssen auch ihr Lederwarengeschäft an eine tschechische Verwalterin abgeben. „Weißt du, Inge", sagt Josef traurig, „wir haben keine Kinder und hätten gehofft, dir das Geschäft einmal übergeben zu können." Die neue Chefin hat lange vor dem Krieg als Verkäuferin hier gearbeitet – und hasst mich.

Sie kann mich aber nicht so leicht rausschmeißen, meint Hans aus der Drogerie, wenn ich mir eine offizielle Arbeitsgenehmigung besorge. Also auf nach Prag zum Hauptarbeitsamt! Der Verwalterin erzähle ich, dass ich für Vater etwas auf der österreichischen Geschäftsstelle erledigen muss.

Prag hat sich verändert. Und ich habe Angst. Niemand kann mich hier vor Willkür schützen. Ich versuche, alle Wege wie eine ortskundige Einheimische rasch zurückzulegen. Doch mein Plan geht nicht auf. Die Moldau hat viele Brücken und ich laufe im Kreis. Irgendwo beim Hradschin den Schlosspark hinunter muss doch das Amt sein! Zögernd frage ich auf der Karlsbrücke einen alten Tschechen nach dem Weg. Doch er hört schlecht, hakt mehrmals nach und ich komme ins Stottern. Dabei rutscht mir das Wort „Pulverturm" heraus. Ich erstarre, Deutsch ist verboten! Der Alte schaut mich überrascht an. Wird er einen Aufstand machen? Mich schlagen? „Mädel, wo willst du denn hin?", fragt er mit gutmütigem Lächeln. Du weißt nie, wer dir gegenübersteht, wer dir hilft und wer dir eine auf den Schädel gibt. Ein Glück, dass fast alle Tschechen Deutsch können. Und traurig, dass kaum ein Deutscher ein Wort Tschechisch spricht.

***

„Ich bin hier, um Ihre Möbel abzuholen." Der Správce der Tischlerei hält Edith einen Wisch vor die Nase: „Hier steht, Sie haben Möbel für Küche und Schlafzimmer bekommen – aber keine Bezugsscheine dafür abgegeben." Sein Lastwagen parkt bereits auf der Straße.

Albin stellt sich schützend vor die Haustür. Der Tscheche holt mit der Hand aus, da pfeift ihn sein Mitarbeiter zurück. „Die sind neutral gewesen. Denen gehören diese Möbel. Sie haben dafür bezahlt." Es ist der Lehrling, der die Einrichtung damals geliefert hat.

Die beiden Handwerker streiten lautstark, schließlich ziehen sie wieder ab. Jeden Tag steht jetzt ein anderer junger Tscheche vor der Tür. Nur ihre Uniformen unterscheiden sich, konfiszieren wollen sie alle etwas.

Edith ist verzweifelt: „Sie behaupten, dass wir ohnehin bald aus unserem Haus geworfen werden." Sie meinen es ernst. In der Stadt werden überall deutsche Wohnungen ausgeräumt. In Lagern türmen sich bereits Berge beschlagnahmter Wäsche und Möbel. Die Tschechen verkaufen das gestohlene Zeug zu Spottpreisen an ihre Landsleute. Ein Kilo Wäsche für eine Krone!

Noch im Mai werden Edith und Albin enteignet. Tschechische Beamte nageln einen Zettel an ihre Tür: „Besitz der Tschechoslowakischen Republik – Haus und Inhalt." Das betrifft natürlich auch die Schwiegermutter und den Schmuckbetrieb. Noch dürfen sie im Haus bleiben – aber die Zeit drängt.

***

Albins Bruder Hartwig ist tot. Der Konvoi seiner Einheit ist am Rückzug aus Griechenland beschossen worden. Hartwig ist in einen Fluss gestürzt und danach mit einer schweren Lungenentzündung in ein Lazarett nach Pisek gebracht worden. Als die Russen gekommen sind, hat ihn die Wehrmacht einfach liegengelassen. Eine Tschechin aus dem Lager hat die Schwiegermutter verständigt, dass es mit ihrem Sohn zu Ende geht. Um ihn ein letztes Mal zu sehen, hat sie einen Berechtigungsschein für eine Zugfahrt ins Protektorat bekommen. Hartwig war ihr Liebling – und Mädchenersatz. Er ist nur 23 Jahre alt geworden. Hoffentlich kann er nach Gablonz geschafft und im Familiengrab beigesetzt werden.

Was Krieg mit einer Familie anrichtet: Hartwig ist tot, die Schwiegermutter enteignet. Der kleine Werner darf keine Schule mehr besuchen. Jetzt lernt er Tschechisch auf der Straße. Albin ist ein Krüppel und von Egon und Georg fehlt jedes Lebenszeichen.

***

Herrgott, was ist mit meinen Papieren? Seit Kriegsende sind Vater, Mutter und ich wieder Ausländer. Zum Glück! Aber für die Aufenthaltsbewilligungen muss ich regelmäßig zur Staatspolizei. Letztes Mal ist es schnell gegangen. Da hat ein junger Bursch meine Ausweise genommen, lächelnd einen Stempel draufgedrückt und mit „Bohatý" – „ein Reicher" – unterschrieben. Der Budenhupfer hat mir bestimmt imponieren wollen.

Heute warte ich wieder ewig. Statt eines Stempels bekomme ich Probleme: Der „Herr Bohatý" ist kein Beamter, sondern Laufbursche. Wir sind seit Wochen mit falschen Aufenthaltsgenehmigungen unterwegs. Beim anschließenden Verhör habe ich Glück. Ein hohes Tier kennt Tante Elsa und Onkel Johann – und legt ein gutes Wort für mich ein.

***

„Inge, die Kinder haben Hunger."
Auf der Straße treffe ich ein deutsches Ehepaar. Früher hatten sie eine große Gürtlerei und als Fabrikanten nie Not. Jetzt haben sie nichts mehr und brauchen dringend Hilfe. Seit Wochen essen sie zuhause nur Kartoffeln. Jetzt soll ich heimlich einen Fisch besorgen. Den

gibt es zwar ohne Marken, aber nicht für Deutsche. Ich wickle den Karpfen fest in Zeitungspapier und stecke ihn dem Ehepaar ein paar Gassen weiter zu. Nur nicht erwischen lassen!

Deutsche bekommen für ihre Lebensmittelkarten zu wenig – nicht einmal Milch. Im Wald sehe ich Eltern Kräuter rupfen, damit sie ihren Kindern und Babys Tee kochen können. Wenn sie Glück haben, erwischen sie Brennnesseln für eine Suppe.

Damit Edith, Albin und der kleine Dietmar nicht hungern müssen, versuchen wir, sie irgendwie mitzuversorgen. Aber wie soll es weitergehen? Jeden Tag droht ihnen die Aussiedlung. Albin kann mit einer Hand nur wenig tragen. Und das Baby könnte die langen Fußwege und das Lager nicht überleben. Durch meinen Kopf geistern Bilder von Vergeltungsmärschen und Vertriebenen, die erfrieren, verhungern oder zur Gaudi von Brücken gestoßen werden. Selbst wenn Edith, Albin und das Baby überleben, sind sie in der Russenzone. Alles kommunistisch, nichts zu essen und nichts anzuziehen. Der Russe bevormundet alle und gibt nichts.

***

„Den Tschechen wird es bald egal sein, dass wir Österreicher sind. Sie werden uns genauso rausschmeißen", glaubt Vater. Wenn wir als Familie zusammenbleiben wollen, müssen wir alle flüchten. Vater will gemeinsam zurück nach Österreich. Mit Edith, Albin und dem Kind.

Theaterfriseure braucht keiner mehr, stattdessen organisiert Onkel Edi jetzt Österreich-Transporte. Die Züge bringen Österreicher aus Nordböhmen legal zurück in ihr Heimatland. Einen Transport hat er bereits begleitet und dabei Irene hinter Möbeln versteckt. Unsere Cousine ist jetzt in Linz. Für Edith, Albin und Dietmar wäre das aber keine Lösung, sagt Onkel Edi. Das Risiko ist zu groß. Eine einzelne Person kann er vielleicht im Zug verstecken. Aber eine Familie mit Baby?

Am besten wäre es, wenn Albin flieht – und Edith mit dem Kind nachkommt. Otto hat von einem Diplomaten gehört, der alte Zugscheine und gefälschte Dokumente an Schmuckerzeuger verkauft. Er möchte die Gablonzer Schmuckindustrie in Oberösterreich ansiedeln und mit ihnen Geld verdienen. Dafür schleust er Fachkräfte über die Grenze. Allerdings sitzt der Diplomat in Pilsen, 200 Kilometer entfernt. Als Deutscher kann Albin diese Reise vergessen. Und was passiert wohl, wenn Albin nicht mehr zur Arbeit kommt und einfach verschwindet? Welche Konsequenzen hätte das für die Familie?

Ediths alte österreichische Dokumente könnten jetzt Gold wert sein. Zumindest sie könnte jetzt einmal nach Österreich fliehen – und dann schauen wir weiter.

Bleibt noch das Baby. Albin kann nicht für Dietmar sorgen. Die Schwiegermutter kommt auch nicht infrage: Sie arbeitet für den Správce in der Gürtlerei, muss sich um den kleinen Werner kümmern und kann als Deutsche jederzeit ausgesiedelt werden. Außerdem möchte

Edith ihr das Kind nicht geben. Die Schwiegermutter ist eine gute Geschäftsfrau, aber als Mutter hat sie sich nicht hervorgetan. Um arbeiten zu können, hat sie Albin und seine Brüder damals mit einer Leine am Tischbein angebunden. Im Grunde sind sie vom Kindermädchen großgezogen worden.

„Das Baby kommt zu uns", bestimmt Mutter. „Dietmar ist Inges Kind. Ein Österreicher! Und fertig." Vielleicht bekommen wir für den Kleinen so bessere Lebensmittelkarten. Der Plan ist riskant, aber alternativlos. Ich werde also Mutter – von einem sechs Monate alten Kind.

***

Wir bereiten uns auf Ediths Flucht vor. Zuerst schmuggeln wir ihren Besitz zu uns in die Wohnung. Dabei hilft uns der kleine Dietmar. Sein Kinderwagen eignet sich mit seinem tiefen Korb ideal für Transporte. Bei jeder Spazierfahrt von Bad Schlag nach Gablonz legt Edith Kleidung unter die Matratze und Dietmar oben drauf. Der Kinderwagen ist so voll, dass sie aufpassen muss, dass Dietmar nicht rausrollt.

Edith stiehlt aus ihrer eigenen Wohnung – und wir helfen ihr dabei. Leider sind wir nicht die Einzigen, die mit Kinderwägen schmuggeln. Statt Kindern liegen manchmal sogar nur Puppen drin. Die Tschechen sind natürlich misstrauisch – und reagieren mit scharfen Kontrollen. Es reicht nicht mehr, die Jacken und Taschen aufzumachen. Sie schauen überall nach. Wenn sie dir etwas wegnehmen oder einen Fußtritt geben, kannst du nicht Piep und nicht Papp sagen. Wer Glück hat, kann die Polizisten bestechen. Wer Pech hat, ist weg.

Ohne weiße Binde sind Vater, Mutter und ich unauffällig. Wir fahren so oft wie möglich mit leeren Taschen zu Edith und mit gefüllten zurück. Besonders vorsichtig müssen wir sein, wenn wir Geschirr und Besteck in der Straßenbahn transportieren. Es darf nichts klimpern.

„Aufmachen!" Am Abend steht die Polizei im Haus. Eine Kontrolle! „Edith, um Himmels willen, versteck' dich." Woanders zu übernachten ist für Deutsche verboten. Aber Edith will möglichst viel Zeit mit Dietmar bei uns verbringen, damit er sich an uns gewöhnt.

Schritte im Stiegenhaus, Ausweise werden kontrolliert, militärisches Gebrüll. Ich schnappe mir Dietmar und verkrieche mich mit ihm im Elternbett. Edith versteckt sich darunter. Kein Mucks, kein Niesen und Husten!
  Schnell täusche ich vor, Dietmar zu stillen. „Wir sind Österreicher", versucht Vater die Polizisten abzuwimmeln. Dietmar weint. Die Beamten blicken flüchtig auf Vaters Ausweis und ziehen wieder ab. Erst eine halbe Stunde später traut sich Edith unter dem Bett hervor. „Ich hab' geglaubt, jetzt es ist es aus und vorbei."

***

Abschiedstränen. Onkel Edi begleitet wieder einen Österreich-Transport. Der Tag von Ediths Flucht ist gekommen. Es ist ihre einzige Möglichkeit, nach Österreich zu gelangen. Sie umarmt Dietmar ein letztes Mal. Ihr Kind bleibt bei uns. Wer weiß, wie lange. Die weiße Binde wirft sie weg. Notfalls kann sie sich auf Tschechisch herausreden. Wir wissen alle, dass sie nur ohne Binde in den Zug steigen kann. Sie hat ihren alten österreichischen Reisepass mit und einen Koffer. Darin sind Pullover, Blusen, Schuhe, ein Nachthemd und Schmuck von Albin – falls sie jemanden bestechen muss.

Edith trifft Onkel Edi am Bahnhof Reichenberg. Er versteckt sie in einem Frachtwaggon hinter Möbeln und gestapelten Kisten. Ein halber Meter ist dahinter frei, gerade genug Platz zum Stehen. Besser so, da kann ich nicht umfallen, soll Edith gesagt haben. Fenster gibt es keine. Ein Klo sowieso nicht.

***

Wir warten fast zwei Wochen auf ein Lebenszeichen. Dann endlich: der erlösende Brief. Edith schildert, wie ihr Transport über Prag gefahren ist – und mit ihm die Angst.

Die Tschechen kontrollieren unangekündigt. Allen ist bewusst, dass Fahrgäste ohne gültige Papiere mitgenommen werden. Edith ist nicht der einzige blinde Passagier. Während der Kontrollen bleibt sie in ihrem Versteck und atmet kaum. Hauptsache über die Grenze!

In Wullowitz kommen die Russen. Sie werfen Koffer und Fahrräder vom Waggon und stehlen alles, was ihnen gefällt. Edith schwitzt. Doch die Österreicher verraten niemanden. Sie beschützen ihre Fracht so gut wie möglich und damit auch alle, die sich dahinter verstecken.

Nach einer Woche erreicht der Zug Linz. Irene holt Edith und zwei andere geflüchtete Frauen vom Bahnhof ab. Sie wohnt in einem zerbombten Haus in der Südtirolerstraße. Viele Fenster sind mit Pappdeckeln verklebt. Sie müssen so leise wie möglich sein. Irene wohnt selbst nur zur Untermiete bei einer alten Witwe. Die darf man nicht verärgern, denn die drei Fremden sind hier nur geduldet. Edith legt sich auf den Fußboden des Wohnzimmers, deckt sich mit einem alten Mantel zu und versucht zu schlafen. Dabei friert sie so sehr, dass sie kein Auge zubringt. Am Morgen serviert Irene Kaffee und Brot. Danach geht sie zur Arbeit. Edith und die anderen müssen genauso hinaus in die Kälte. „Ihr dürft erst in der Nacht zurückkommen, sonst wird es der Alten zu viel und sie schmeißt uns alle raus."

Edith steht als Fremde in einer fremden Stadt. Sie stapft die Landstraße entlang und tauscht Albins Silberohrringe gegen Semmeln. Hungrig stopft sie sich eine Semmel nach der anderen in den Mund, bis sie sich fast übergeben muss. Wie ein Hund streunt sie stundenlang in Linz herum. Kontrolliert wird sie nie. Die amerikanischen Besatzer scheren sich nicht darum, wer auf den Straßen herumläuft.

Irene arbeitet in einer Schieberfirma in der Kaisergasse. Sie kümmert sich von hier aus um Österreich-Transporte. Die Angestellten kochen Erbsen, Linsen oder Bohnen. Nach Dienstschluss lässt Irene ihre drei Mitbewohnerinnen heimlich in die Gemeinschaftsküche und gibt ihnen die Reste. Endlich eine warme Mahlzeit! So kommt Edith halbwegs über die Runden. Nach fünf Tagen steht sie beim Meldeamt, um einen Aufenthaltsnachweis und Lebensmittelkarten zu bekommen. Zum Glück gilt, dass Edith vor dem Krieg Österreicherin war. Die Jahre danach interessieren hier niemanden mehr. Edith kann bleiben – ganz legal und frei! Mit den Papieren in der Hand sucht sie nach Arbeit. Doch als Flüchtling ist das nicht so einfach.

***

Natürlich wissen alle im Haus, dass Dietmar mein Neffe ist. Aber wir tun so, als wäre er mein Sohn. Während ich arbeite, kümmert sich Mutter um ihn. Am Abend verbringe ich jede freie Sekunde mit dem Kleinen. Doch er weint viel und weiß nicht, wie ihm geschieht. Er ist erst ein halbes Jahr alt und verlangt nach seiner Mutter. Uns blutet das Herz. Wir füllen Kunsthonig in ein Stoffsackerl, binden es mit Zwirn zu und lassen Dietmar daran nuckeln. Das beruhigt ihn etwas. Echten Honig gibt es nicht. Für einen Schnuller bettle ich Hans in der Drogerie an. Doch Dietmar nimmt ihn nicht. Die ganze Anstrengung umsonst.

Mit einem Baby lernt man die Welt kennen – die schlechten und die guten Menschen. Die Nachbarn bringen uns Gewand. Über Hans in der Drogerie treibe ich Seife auf, um Stoffwindeln auskochen zu können. Onkel Willi versorgt uns mit Milch und anderen Nahrungsmitteln vom Bauernhof, die er an den Tschechen vorbei abzweigen kann. Seine Nachbarin verkauft uns ein Wagerl zum Sitzen. Sie befürchtet, bald ausgesiedelt zu werden und ihr Kind kann schon laufen. Die Frau tut mir leid. Ihr Mann ist im Krieg verschollen.

***

„Raus! Raus! Raus!" Schreie reißen uns um vier Uhr früh aus den Federn. Schnell zum Fenster. Unten auf der Straße stehen schon wieder Lastwägen. Die Geheimpolizei hat das Wohnviertel abgesperrt und klopft mit Gewehren gegen die Haustüren. Sie holen das alte deutsche Tischler-Ehepaar unten im Haus ab. Obwohl an unserer Tür das Österreicher-Schild hängt, durchsuchen fünf Polizisten unsere Wohnung. Sie sehen in jedem Schrank nach, ob wir Deutsche verstecken und ob es etwas Wertvolles zu holen gibt.

Tatsächlich verstecken wir einen Deutschen: Dietmar. Wir haben keine Papiere für ihn, keine passende Geburtsurkunde. Wenn sie genau schauen, sind wir aufgeschmissen. Sie könnten uns ins Lager mitnehmen. Zack und weg.

Schnell husche ich zurück zu Dietmar ins Bett und verstecke ihn unter der Bettdecke. Damit er aufhört zu weinen, lass' ich ihn mit einer Puderdose spielen. Da geht der Deckel auf und dem armen Kerl staubt eine Puderwolke ins Gesicht. Jetzt schreit er erst recht. Schnell halte ich ihm den Mund zu. Hoffentlich erstickt er mir jetzt nicht! Draußen diskutiert Vater so heftig mit den Polizisten, dass sie nichts mitbekommen. Plötzlich ist Ruhe und sie sind fort.

Jetzt wohnt nur noch ein deutsches Ehepaar bei uns im Haus. Sie haben sich mit einer böhmischen Großmutter herausreden können. Nach Wochen bekommt Mutter einen Brief: Der vertriebene Tischler ist im Lager gestorben. Er hat die Aussiedlung nicht verkraftet, schreibt seine Frau. Einen alten Menschen darf man nicht verpflanzen.

***

Ich gehe aufs Rathaus und behaupte, dass Dietmar mein Sohn ist. Das ist riskant, aber wir brauchen Lebensmittelmarken. Die paar Karotten und Kohlrabi aus unserem Gemüsegarten reichen nicht.

Am Schalter sitzt Melitta. Ich kenne sie vom BDM, jetzt ist sie Tschechin.

„Wo ist die Geburtsurkunde?", schnaubt ihr Vorgesetzter. Melitta verdreht die Augen und schickt ihn weg: „Ich mach' das schon." Melitta stellt keine Fragen. Ohne Dokumente kann sie nicht „Sohn" auf meine Lebensmittelkarte schreiben. Also ergänzt sie die meiner Eltern mit „Enkel". So wird Dietmar ein Österreicher – und wir bekommen für ihn bessere Marken. Falls wir auffliegen, können wir uns herausreden. Wir sagen einfach, Edith ist schon in ein Lager gebracht worden.

Mit Dietmars Marken können wir Haferflocken kaufen. Um ihn ordentlich zu ernähren, reicht das aber immer noch nicht. Der tschechische Bäcker gibt bei jedem Einkauf eine extra Semmel ins Sackerl. Vielleicht, weil ich ihn nie mit „Heil Hitler" gegrüßt habe. In anderen Geschäften stempeln die jungen Verkäufer daneben, damit wir die Marken zwei Mal benutzen können. Die Tschechen am Friedhof verkaufen Vater unter der Hand Weizenmehl, aus dem Mutter Nudeln macht. Einmal bringt Vater einen Teddybären mit, den wir Dietmar ins Gitterbett setzen. Doch der Kleine hat Angst davor und kriecht ins Eck.

***

Wir haben alles aus Schlag zu uns geschmuggelt, was leicht transportierbar ist. Danach ist Vater nachts allein mit dem Leiterwagen durch die Hintergassen gefahren. Das ist inzwischen zu gefährlich. Wenn ihn die Tschechen erwischen, erschießen sie ihn oder sonst was – wegen Diebstahls tschechischen Eigentums.

Einen letzten großen Transport wollen wir noch riskieren, um gemeinsam die wichtigsten Möbel zu retten. Aber wie? Es hat geschneit. Onkel Willi ist bereit, uns zu helfen. In der Nacht holen wir seinen Schlitten aus der Scheune und spannen ein junges, kräftiges Pferd ein. Woher er das hat? Wer viel fragt, geht viel irr. Er hat es jedenfalls wieder Fuchsl getauft.

***

„Was machen Sie hier? Wohin gehen Sie?" Tschechen schikanieren Albin auf der Straße. Als Einarmiger mit weißer Binde ist er ein leichtes Opfer. Albin mag nicht mehr außer Haus gehen. Wenn er seinen Sohn sehen will, bleibt ihm aber nichts anderes übrig. Wir brauchen außerdem frische Milch von Onkel Willi. Dietmar trinkt sie vor dem Schlafengehen. Für seinen Sohn beißt Albin die Zähne zusammen und geht mit der Milchkanne zur Landwirtschaft.

„Habt ihr die Briefe schon gesehen?" Albin erzählt, dass Deutsche inzwischen ganz offiziell über ihren Abtransport verständigt werden. Sie sollen mit Handgepäck, Dokumenten und Essgeschirr zur Turnhalle gehen. Verboten sind Geld, Sparbücher, Fotoapparate, Uhren, Teppiche, Pelze und Schreibmaschinen. Die Wohnungen sind abzusperren, die Schlüssel mit Anschrift zu versehen und abzugeben. Wer sein Eigentum vernichtet, wegbringen lässt oder dabei hilft, wird strengstens bestraft.

„Ich muss auch flüchten, das ist die einzige Lösung." Albin fürchtet jeden Tag, seine Arbeit in den Büllmann-

Werken zu verlieren. Er möchte aber nicht auf seine Aussiedlung warten, sondern lieber zu Edith nach Österreich. Sogar Otto ist schon geflohen. Er hat sich bei diesem Diplomaten in Pilsen falsche Papiere besorgt und ist mit einem Österreich-Transport davon. Als gelernter Graveur kann er sich den Schmuckerzeugern in Oberösterreich anschließen.

Vorher hat er seine Leute in Pilsen noch gebeten, auch aus Albin einen Österreicher zu machen. Einen Gürtler können sie bestimmt gebrauchen! Ein paar Wochen später sind seine Dokumente fertig. Doch mit Stumpf und Binde traut sich Albin nicht, sie abzuholen. „Die schleifen mich doch sofort aus dem Abteil." Also bin ich wieder dran.

***

Es ist bereits dunkel, als ich den Bahnhof in Pilsen verlasse. „Kein Wort Deutsch!", warnt mich der Kontaktmann. Wir gehen ins nächste Gasthaus. Drinnen reißt es mich erstmal: überall Neger! Das müssen die Amerikaner sein. Schwarze Menschenfresser, haben die Nazis immer behauptet. Selbst habe ich nie welche gesehen. Am liebsten würde ich umkehren, aber ich falle vor Hunger fast um. Der Kontaktmann weist mir einen Platz zu, bestellt zwei Mal Blutwurst mit Kartoffeln und erklärt den weiteren Ablauf: „Du übernachtest bei meinen Eltern in der Wohnung. Morgen hol' ich dich ab und wir fahren gemeinsam zum Konsulat."

Es ist ein Haus mit kleiner Aufschrift, keine halbe Stunde zu Fuß vom Bahnhof entfernt. Hier arbeiten Selbsternannte an den Behörden vorbei. Mir soll es recht sein. Ich bekomme vom „Bevollmächtigten zur Wahrung der Interessen der Österreichischen Staatsbürger in der CSSR" eine Bestätigung, dass Albin österreichischer Staatsbürger ist. Der entscheidende Satz darauf lautet: „Die auf Deutsche bezüglichen Vorschriften sind auf ihn nicht anzuwenden." Der erhoffte Transportschein für die Ausreise ist noch nicht fertig. Albin wird ihn vor der Reise selbst abholen müssen.

***

Im Advent kämme ich Dietmar die Haare glatt auf die Seite und bringe ihn zum Fotografen. Er trägt einen hellgrün-orangefarbenen Wollanzug. Den hat mir eine Nachbarin geborgt. Das fertige Bild schicke ich Edith nach Linz. So hat sie wenigstens ein Foto von ihrem Burli. Edith verbringt Weihnachten mit Irene im kleinen Zimmer bei Brot und Tee. Auch ein Bäumchen haben sie irgendwo hergezaubert. Nachts schläft Edith weiterhin am Fußboden. Tagsüber hilft sie Irene im Büro bei den Österreich-Transporten.

Zu Jahresende verabschiedet sich Edith von Irene und der Witwe. Sie fährt mit dem Bus nach Steyr und geht zu Fuß weiter nach Losensteinleiten. Aus dem dortigen Schloss ist eine Massenunterkunft für Gablonzer geworden. Edith bekommt in einem Zimmer eine Ecke zum

Schlafen zugeteilt. Im obersten Stockwerk haben die Gablonzer eine Werkstatt eingerichtet, in der sie Arbeit findet. „Stell dir vor, Inge", schreibt Edith, „wir schneiden hier Kartonsterne aus, beschmieren sie mit Leim und bestreuen sie mit Glitzerstaub. Die Sterne werden dann in den Papiergeschäften in Steyr verkauft." Gablonzer Christbaumschmuck aus Pappendeckel!

1946

„Albin, gib' die Binde runter!" Albin flüchtet in einer eiskalten Jännernacht. Ich begleite ihn von Reichenberg bis Prag, weiter nicht, weil ich am Vormittag wieder im Geschäft bei der Verwalterin sein muss. Wir sitzen mit mulmigem Gefühl im Zug und schweigen. Albin glaubt, dass ihn seine Kriegsverletzung ohnehin als Deutschen verrät und will – stur heil! – den weißen Fetzen am Arm lassen. So ärgerlich! Er spricht auch kein Wort Tschechisch. Er hat es zwar in der Schule gelernt und war in den Ferien oft im Tschechischen, kann die Sprache aber trotzdem nicht. Wenn sie ihn jetzt aus dem Zug fischen, muss ich tatenlos zuschauen. Ich kann schwer sagen, dass er Österreicher ist, wenn er die Binde trägt.

Gedränge in der Bahnhofshalle in Prag. Ich stelle mich nah an Albin und zupfe an seinem Ärmel. Wieder und wieder. Mit jedem Zupfer ziehe ich die Binde ein Stück weiter ab. Wenn uns jetzt einer zuschaut, haut er uns links und rechts eine runter. Nach dem letzten Zupfer lass' ich die Binde in meiner Jackentasche verschwinden.
Danach löse ich für Albin am Schalter eine Fahrkarte nach Pilsen. Um ihn bis zum Zug begleiten zu können, frage ich nach einer Bahnsteigkarte. Ein Fehler! Weil

mir das tschechische Wort nicht einfällt, rutscht es mir leise auf Deutsch heraus. Der alte Tscheche am Schalter kriegt einen Wutanfall. „Bahnsteigkarte? Bahnsteigkarte! Eine Bahnsteigkarte haben wir nicht! Schau', dass du weiterkommst!" Ich verschwinde schnell im Getümmel. Tatsächlich geben die Tschechen keine Bahnsteigkarten mehr aus. Ich kann Albin auch so zum Zug bringen.

Er sieht verloren aus, wie er mit Koffer in der Hand am Bahnsteig steht. Dann gibt er sich einen Ruck und steigt in den übervollen Zug. Albin scheut die Abteile und stellt sich zu den Puffern ins Freie. Er will während der Fahrt lieber frieren, als in ein Gespräch verwickelt zu werden. Die Lok pfeift und ich sehe dem Zug nach. Albin wird es schon bis Pilsen schaffen. Er hat ja eine gültige Fahrkarte und einen Bescheid, dass er auf das österreichische Konsulat muss. Damit werden sie ihn durchlassen. Hoffentlich.

***

Später erfahre ich, dass Albin doch Ärger in Pilsen bekommen hat. Die Amerikaner sind bereits weg. Stattdessen stehen dort tschechische Polizisten – er muss einige Leute mit Silberringen und Ohrringen schmieren. Irgendwie schafft er es dann doch aufs Konsulat und bekommt seinen Transportschein.

Das Dokument mit Reiseziel Linz ist offiziell von der Österreichischen Gesandtschaft und dem Repatriierungskomitee ausgestellt. Damit steigt Albin in den Zug. Rechtzeitig – das wundert mich am meisten.

Natürlich ist der Schein kein Freibrief – und Albin bekommt an der österreichischen Grenze erneut Schwierigkeiten. Irgendwie schwindelt er sich durch. Über Gmünd geht es weiter zum Westbahnhof nach Wien und von dort Richtung Linz. Bei Enns ist endgültig Schluss mit lustig. Der Fluss ist die Grenze zwischen der sowjetischen und der amerikanischen Besatzungszone.

Der Zug bleibt stehen, russische Grenzsoldaten steigen ein und kontrollieren Identitätsausweise und Zonenpässe. Albin kann nur seinen gefälschten Wisch vorweisen: „Njet!" Albin soll sofort raus aus dem Zug.

Jetzt hilft Albin seine Zeit an der Front: Auf Russisch fleht er den Soldaten an, ihn weiter zu Frau und Kind zu lassen. Dass Dietmar nicht in Linz wartet, braucht der Russe ja nicht zu wissen. Albins Flehen wird erhört, er darf passieren. Und der amerikanische Posten scheint sich auf seinen russischen Kollegen zu verlassen. Stunden später fällt Albin seiner Edith in die Arme.

***

In Gablonz geht es weiter Schlag auf Schlag. Albins Mutter und der kleine Werner werden aus ihrem Haus geschmissen. Sie kommen vorübergehend bei Nachbarn unter. Aus dem Zimmer können sie durch ein kleines Guckloch auf ihr früheres Zuhause schauen. Eine Schmach für die Familie. Wäre der Krieg nicht verloren gegangen, hätten Albin und seine Brüder ordentlich geerbt. Jeder hätte ein Haus bauen können. Dem

Familienbetrieb ist es wirtschaftlich gut gegangen, sie waren immer sparsam, fleißig und ehrgeizig. Typische Gablonzer eben: viel arbeiten und wenig ausgeben. Jetzt ist alles weg.

Auch Vater hat am Friedhof nichts mehr zu lachen. Ein ehemaliger Straßenkehrer wird sein neuer Vorgesetzter. Der kürzt ihm gleich mal sein Gehalt. Es wird Zeit, dass wir zusammenpacken, sagt Vater. Noch gibt es Transporte nach Österreich, noch dürfen wir unseren Besitz mitnehmen. Das kann alles vorbei sein, wenn die Kommunisten regieren.

Es gibt nur ein Problem: Um ausreisen zu können, müssen wir als politisch unbedenklich gelten. Und ich war bei der österreichischen Vertretung in Gablonz so blöd und habe angegeben, dass ich beim BDM war. Der hat sich großgemacht und mir die Bescheinigung verweigert. Ich versuche am Rathaus erneut mein Glück. Am Schalter sitzt unser ehemaliger tschechischer Bäcker. Ihm kommt ein Lachen aus, als ich für meine Familie um eine Unbedenklichkeitsbescheinigung bitte. Er hat mich ja in Uniform gesehen. Trotzdem gibt er mir die Bescheinigung. Am Heimweg treffe ich den tschechischen Polizisten, der mir mit der Aufenthaltsgenehmigung geholfen hat. „Seien Sie froh, dass Sie wegfahren können", sagt er. Als demokratischer Tscheche fürchtet er die Kommunisten und ihre Kohlebergwerke.

***

„Ich brauche eure Hilfe", schreibt Onkel Peppi. Er hat in den letzten Kriegswochen als Sanitäter einrücken und die Prager Universitätsklinik verlassen müssen. Mit Glück hat er überlebt und sich von Lettland nach Wien durchgeschlagen. Tante Anna hat ihn vorübergehend aufgenommen.

Bei ihr kann Peppi aber nicht bleiben, außerdem möchte er zurück zu seiner Frau Jarmila. Als Deutscher kann er Prag aber vergessen. Stattdessen will er in die amerikanische Zone in Deutschland. Fürs Reisen und Arbeiten braucht er Dokumente – und die sind bei Jarmila. Da der Postweg zu unsicher ist, soll ich die Papiere aus Prag holen und mit nach Österreich bringen.

Gegen Mitternacht hält mein Zug in Prag. Eingehüllt in meinen Wintermantel stehe ich vor dem Wilson-Bahnhof. Zwielichtige Gestalten streunen herum. Niemals würde ich hier jemanden ansprechen, gerade im Dunkeln. Aber ich muss, weil mir die Adresse von Tante Jarmila nicht einfällt. Tagsüber fährt der 8er-Wagen vorbei. Ich würde die Villa sofort erkennen, wenn ich sie sehe.

Eine dunkle Gestalt zeigt auf eine Garnitur, in die ich einsteigen soll. Minutenlang schaue ich konzentriert aus dem Fenster, bis mir ein Schild mit der Aufschrift „Blumen" ins Auge sticht. Das ist sie, die Gärtnerei, neben der die Tante wohnt! Ich suche das Pförtnerhaus, klettere über den Zaun und schleiche durch den Garten.

Als ich am Schlafzimmerfenster klopfe, schlägt es ein Uhr früh. „Tante Jarmila, ich bin's, die Inge", flüstere ich auf Tschechisch. Die Tante fährt erschrocken aus dem Bett. Aber sie erkennt mich und sucht mit Tränen in den Augen alle nötigen Papiere zusammen. Stunden später betrete ich das Lederwarengeschäft in Gablonz, als wäre nichts gewesen.

***

„Wir wollen das Land verlassen." Heimlich rufe ich das Österreichische Konsulat in Prag an und bewerbe meine Familie für die Ausreise. Es ist ein Blitzgespräch aus dem Lederwarengeschäft. Als die Verwalterin die Telefonrechnung sieht, zieht sie mir die Gebühren vom Gehalt ab. Dafür habe ich einen Termin in Prag.

„Sie bezahlen pro Kubikmeter", erklärt mir der Konsulatsmitarbeiter. Er will sich melden, sobald er uns einen Waggon zuweisen kann. Bis dahin heißt es warten. Ich bekomme eine Bescheinigung, dass die Eltern und ich Österreicher sind. Für Dietmar kriege ich nichts. Die Lebensmittelkarten müssen als Dokumente ausreichen.

Für die Ausreise sparen Vater und ich so viel wie möglich. Gleichzeitig kaufen wir, so viel wir können.

In Österreich gibt es ja nichts, schreibt Edith. Obwohl ich keine Sekunde lang ans Heiraten denke, gibt mir Vater Geld. Ich soll mir damit eine Ausstattung kaufen. Vorsichtig verstaue ich das neue Geschirr, die Kleidung und Wäsche mit meinen eingestickten Initialen neben

Ediths Möbeln im Keller. Hoffentlich dürfen wir wirklich alles mitnehmen. In manchen Gegenden werden Österreicher wie Deutsche enteignet. Jeder Heini macht sich gerade seine eigenen Gesetze.

***

Herberts Mutter fragt, ob wir ihrem Sohn einen Anzug mitnehmen können, wenn wir ausreisen. Er hat überlebt und ist jetzt in Österreich. Ich muss an unsere letzte Begegnung auf der Straße denken. Natürlich helfen wir.
Zum Glück hat ihn die Wehrmacht nicht mehr nach Russland geschickt, sondern nach Dänemark. Um nicht in englische Gefangenschaft zu kommen, hat er sich mit einem Kameraden als Eisenbahner ausgegeben und ist mit dem Zug nach Österreich gefahren. Herbert ist nämlich eingefallen, dass er eigentlich Österreicher ist. Zumindest ein halber. Seine Mutter war Kindermädchen in Prag, hat dort einen Lackel aus Kärnten kennengelernt – und da ist es passiert. Seinen leiblichen Vater hat Herbert zwar nie gesehen, aber er weiß, dass er Bürgermeister in einer kleinen Gemeinde am Ossiacher See geworden ist und dort eine Familie gegründet hat. Herbert hat versucht, ihn zu finden, ist aber an der Zonengrenze zwischen Salzburg und Kärnten hängengeblieben. Um über die Runden zu kommen, arbeitet er jetzt für einen Bauern.

***

„Es gibt wieder einen Österreich-Transport! Abfahrt ab Reichenberg." Es dauert Monate, bis der erlösende Anruf aus dem Konsulat kommt. Wir lassen in einer Tischlerei Kisten anfertigen und verpacken alles ordentlich. Auf der Reise soll nichts kaputtgehen.

Ich bitte den tschechischen Lieferanten des Lederwarengeschäfts, unsere Kisten nach Reichenberg zu bringen. Er verspricht, mir zu helfen – will dafür aber ordentlich bezahlt werden.

Ein alter Zollbeamter kommt zu uns. Wir dürfen nichts Verbotenes ausführen – oder etwas, das ihm selbst gefallen könnte. Vater meint, wir haben Glück. Der Beamte wirkt anständig. Trotzdem durchsucht er jede Kiste gründlich. Wir haben nichts Gefährliches eingepackt – keine BDM-Uniform, kein Halstuch mit Lederknoten, kein Fotoalbum, nichts, das an das Deutsche Reich erinnert. „Es ist alles in Ordnung", bestätigt der Zollbeamte. „Und jetzt gehe ich in die Küche."

Wir zögern. Es könnte eine Falle sein. Dann verstauen wir aber doch noch Geld und Schmuck zwischen dem verpackten Geschirr. Vater ärgert sich. Er hat im Keller Broschen und Krawattennadeln unter dem Koks vergraben und findet sie in der Eile nicht mehr. Für einen von Albins Nachbarn schmuggeln wir aber noch ein Kilo Silber mit – eingehüllt in einen Bettbezug. Er will Schmuck daraus machen. „Schweigen im Walde", mahnt Vater und schlägt Nägel in die Bretter. Der Zollbeamte versiegelt und plombiert die Kisten.

***

Zu Pfingsten ist es soweit. Wir verlassen unsere Heimat. Vater gibt seine Stelle am Friedhof auf und ich verabschiede mich im Lederwarengeschäft. Margit und Josef fallen mir um den Hals. Der Verwalterin ist es egal, dass ich gehe.

Der tschechische Spediteur fährt mit dem Lastwagen vor. Sein Gehilfe Bruno war früher bei der Hitlerjugend. Jetzt verlädt er unsere Kisten und spricht perfekt Tschechisch. Mutter, Vater und ich setzen uns hinten in den Lastwagen. Der 14 Monate alte Dietmar schläft auf meinem Schoß. Am Bahnhof Reichenberg laden Familien ihre Kisten ein. Wir teilen uns einen Frachtwaggon mit dem Drogisten Hans und seiner Frau Rosa. Die beiden haben kaum Gepäck. Wir schlichten dafür fast drei Haushalte ein. In diesen Kisten ist alles, was wir haben.

Es dämmert bereits, als der Zug losfährt. Es ist ein harter Abschied. Wir stehen am Fenster, Mutter zittert. Vielleicht kommen wir ja eines Tages zurück, sagt sie. Aber sie glaubt wohl selbst nicht daran. Wir nehmen von jedem Baum einzeln Abschied. Es ist seltsam, ins Ungewisse zu fahren. Wir haben keine Arbeit und kein Dach mehr über dem Kopf.

Mutter hat Brot und ein gebratenes Kaninchen – zerteilt und eingerext – auf die Reise mitgenommen. Auch einen Sack mit Zuckerl zaubert sie hervor. Am Bahnhof in Prag springe ich aus dem Zug und laufe los, um frische Milch für Dietmar zu kaufen. Die Angst im Rücken, dass der Zug ohne mich weiterfährt. Zum Glück bin ich ortskundig und finde schnell ein offenes Lebensmittelgeschäft. „Geschwind", bitte ich die Verkäuferin auf Tschechisch.

Wir sitzen tagelang zu sechst im Coupé. Ein Glück, dass wir uns mit Hans und Rosa gut verstehen. Das macht es einfacher. Nachts schlafen wir kreuz und quer auf den Sitzbänken. Wer sich ausstrecken will, muss am Boden liegen oder oben auf den Gepäckablagen. Für Dietmar spannen wir eine Hängematte auf.

In Budweis bleibt der Zug bis Mittag stehen. Wir nützen die Zeit, um ins Bahnhofsgasthaus zu gehen. Es gibt Kirschknödel. Doch Dietmar ist von der Fahrt so durcheinander, dass er seinen Mund nicht aufmacht. Der arme Kerl muss doch Hunger haben! Es tut so weh, ihn leiden zu sehen. Aus Mitleid macht ihm die tschechische Köchin eine Nudelsuppe. Davon isst er ein paar Löffel.

Die Reise zieht sich. Mal ist kein Strom da, mal keine Lokomotive. Die Tschechen lassen uns stehen, weil unser Transport keine normale Verbindung ist. Bei längeren Halten steige ich mit Dietmar aus. Wir gehen neben den Gleisen auf und ab. Er ist froh, ein wenig an der frischen Luft laufen zu können.

Beim Grenzübergang Wullowitz steht der Zug erneut. Niemand weiß, wie lange. Wir haben Hunger, also marschiere ich ins nächste Dorf. Erst nach einer halben

Stunde finde ich einen Bäcker. Ich bitte ihn, mir einen Laib Brot zu verkaufen, obwohl ich keine Marken dafür habe.

Dankbar eile ich zurück. Schneller und schneller. Der Zug wartet nicht auf mich. Wenn er weg ist, stehe ich da.

***

Ein heftiger Knall. Wir heben von den Sitzen ab. Die Koffer fliegen im Abteil durcheinander. Dietmar schleudert es aus der Hängematte. Zum Glück fällt er auf Mutters Schoß, doch er schreit wie am Spieß. Vater ist oben im Gepäcknetz gelegen und heruntergestürzt. Der Zug steht still.

Waren das die Russen? Haben sie absichtlich ein falsches Signal gegeben und uns gegen einen Lastzug fahren lassen? Ein Weichenfehler? Sind wir beim Verschub auf einen Prellbock aufgelaufen? Am Gang wird heftig diskutiert. Ein älterer Passagier glaubt an einen Unfall und schimpft: „Die sind alle neu bei der Bahn. Keiner kennt sich aus. Wir haben Glück, nicht entgleist zu sein!" Vater hat eine Schramme über dem Auge. Wir auf den Sitzbänken sind mit blauen Flecken davongekommen.

Stundenlang bewegt sich der Zug keinen Millimeter. Irgendwann tuckern wir dann doch über die Grenze. Nach vier Reisetagen sind wir endlich in Österreich. Unsere neue Heimat. Viel erhoffen wir uns nicht. Am Bahnhof Linz-Kleinmünchen ist die Ernüchterung trotzdem groß. Wir halten am Nebengleis. Niemand erwartet uns. Alles ist zerbombt. Nirgends gibt es Frühstück zu kaufen – nur gegen Marken, die wir nicht haben. Wir brauchen dringend Milch für Dietmar. „Bier aus. Wein alle", liest Vater auf einem zerbombten Gebäude. Bierhaus und Weinhalle waren einmal. Zu kaufen gibt es nur ein paar Kracherl.

Ich bitte die Leute von der Bahnhofsmission um Hilfe. Wir sollen beim Zug warten. Sie werden sich für uns um Tee und Brot bemühen. Während die Eltern und Dietmar warten, suche ich Irenes Wohnung. Linz ist mir fremd. Es dauert, bis ich die richtige Straße finde. „Inge, ihr habt es geschafft", freut sich Irene und schickt mich gleich wieder fort. Edith und Albin sind in der Stadt – vermutlich bei der Donau. Sudetendeutsche haben dort in einer Halle eine Ausstellung organisiert. Ich irre dorthin und lasse Edith mit ihrem Mädchennamen ausrufen. Sie ist ja wieder Österreicherin, Hochzeit hin oder her. Endlich kann ich Edith wieder umarmen!

Zurück am Bahnhof die große Enttäuschung: Alle haben sich auf diesen Moment gefreut, doch Dietmar erkennt seine eigene Mutter nicht. Er hat sich an uns gewöhnt. Anstatt auf Edith und Albin zuzulaufen, streckt er seine Hände nach mir aus. Edith kämpft mit den Tränen. Auch Dietmar weint. Er möchte zu mir zurück. Dass er bei uns nicht hungern hat müssen, ist in diesem Moment ein schwacher Trost. Mir tun sie leid, gleichzeitig muss ich meine eigenen Gefühle zurückhalten. Es ist, als würde ich mein eigenes Kind weggeben.

***

Es muss weitergehen. Vater bleibt beim Waggon, wir anderen fahren mit dem Bus zum Schloss Losensteinleiten. Edith und Albin bringen uns in ihr Zimmer im zweiten Stock. Sie wohnen dort gemeinsam mit zwei Frauen. Am Fußboden steht eine Wanne, die sie mit Wasser befüllen und notdürftig mit Decken verhängen. So können wir uns nach der Reise endlich waschen. Möbel gibt es kaum – und wenn, sind sie aus Gablonz. Edith zeigt mir die Gemeinschaftsküche. Am Gang liegen Scherben in den Ecken. Ein polnisch-amerikanisches Infanterieregiment soll die schönen Porzellanteller und das Steingut-Geschirr zusammengehaut haben.

Ich schaue mich um. In jedem Zimmer leben zwei bis drei Familien. Sie schlafen, essen und waschen sich im selben Raum. Wie soll das hier mit Dietmar funktionieren? Wer Ruhe will, muss spazieren gehen oder im Wald Pilze suchen, seufzt Edith. Eine eigene Wohnung zu finden, ist schwierig. Jeder möchte raus aus dem Massenquartier, aber wohin?

Die Bauern nehmen dich nur gegen Bezahlung oder wenn du auf den Feldern hilfst. Seit die Zwangsarbeiter weg sind, fehlt es an Arbeitskräften.

Mutter und ich übernachten erstmal bei Edith und Albin am Fußboden. Dietmar hängt noch immer an mir.

***

Wir fahren zurück nach Linz. Vater und Hans haben in der Nacht auf unseren Waggon aufgepasst und zeitig begonnen, die Kisten auszuladen. Albin schickt uns einen Spediteur. Otto hilft uns, den Viertonner zu beladen und unsere Sachen nach Losensteinleiten zu bringen. Dort klappern wir sämtliche Bauernhöfe ab, um eine Unterkunft zu finden. „Ihr könnt am Getreidespeicher schlafen." Ich verstehe den Dialekt des Bauern kaum. Gegen Geld und Arbeit bekommen wir zwei kleine Räume im ersten Stock des Speichers. Im Winter werden hier Getreide und Hafer aufgeschüttet. Jetzt leben wir hier.

Die Eltern bekommen den großen Raum, ich darf mein Bett im Vorraum aufstellen. Erstmals in meinem Leben habe ich ein eigenes Zimmer. Leider muss ich es mit Mäusen teilen, die nachts aus den Ecken huschen. Ich bringe kein Auge zu. Sie fressen die Tischdecken meiner Aussteuer an. Ameisen machen sich an die Zuckerl aus Gablonz ran. In der Früh sind nur noch die Hüllen übrig. Ich könnte heulen. Am Vormittag fährt Vater unsere Wäsche mit einer Schubkarre zum Teich hinunter, damit Mutter sie schwemmen kann. Dietmar kommt zu Besuch, sitzt am Wäscheberg und ruft freudig: „Nell, Opa. Nell!" Er fühlt sich hier wohl. Hoffentlich bald auch bei seiner richtigen Familie.

***

Um über die Runden zu kommen, hat Albin seinen gesamten Schmuck verscherbelt. Jetzt muss Ediths Aussteuer herhalten. Kaum ausgepackt, tauscht sie ihr Kompottservice aus der Heimat gegen Eier, Butter und Fleisch.

Wir versuchen, Arbeit zu finden. Aber es gibt keine, außer beim Bauern. Vater hilft ihm von früh bis spät am Feld und bekommt dafür 40 Schilling im Monat. Auch sein Werkzeug aus Gablonz verborgt er. Der Bauer nimmt es gern, gibt es aber nicht mehr zurück. Falls doch, ist es kaputt. Vater ist zornig.

Mutter und ich arbeiten als Kuhdirne und Saumagd, helfen im Haushalt, in der Küche und im Stall – für Essen und den Schlafplatz am Getreidespeicher. Statt einem Klo gibt es hier nur ein Krautfass mit Deckel hinter der Tür. Mir graut. Eine Latrine beim Militär ist sauberer. Mutter bittet den Bauern, das stinkende Fass gemeinsam mit Vater zum Misthaufen zu tragen. Dann holt sie Wasser vom Brunnen und schrubbt das Fass mit der Hand, bis die braune Soße aufs Feld hinausläuft. Die Pfütze deckt sie mit Mist zu, damit es weniger stinkt.

Ich habe so eine Wut auf den Bauern, ich kann ihm nicht in die Augen schauen. Zum Mittagessen dürfen wir uns erst setzen, wenn das Essen für seine Frau und ihn schon am Tisch steht. Von seinem Speck bekommen wir kein Stück. Für uns gibt es stinkenden Topfen, der schon abgelaufen ist.

Nachts kann ich nicht schlafen. Der Hunger wühlt im Magen. Ich trinke Wasser, damit er sich ein wenig beruhigt. Dann schleiche ich in der Finsternis hinaus auf die Felder, um nach Essbarem zu suchen. Am Wegrand finde ich einen Apfel, muss ihn aber sofort wieder ausspucken. Er schmeckt so herb, dass es mir den Mund zusammenzieht. Wie Holz! Das muss dieses Mostobst sein, von dem hier alle reden. „Wer da?" Oben am Weg hat mich jemand gehört. Es wird wohl der Bauer sein, dem die Äpfel gehören. Ich verstecke mich im Feld, bis Ruhe einkehrt.

In Steyr haben sie ein altes Pferd abgestochen. Vater schickt mich, um Fleisch zu holen. Ich versuche mein Glück und reihe mich in die Wartenden ein. Die Bauern können nicht einfach ein Pferd, eine Kuh oder ein Kalb schlachten. Alles ist streng über die Gemeinde geregelt. Bei anderen Lebensmitteln ist es lockerer. Um für Dietmar ein Ei zu erbetteln, klappere ich zu Ostern sämtliche Bauern ab. Die meisten schicken mich fort. Als mir ein Bauer doch eines schenkt, kann ich mein Glück kaum fassen. Viele Einheimische wollen uns loswerden. Sie hoffen, dann selbst weniger hungern zu müssen.

***

Edith hat Gelbsucht. Ich besuche sie im Krankenhaus und nütze die Gelegenheit, in Steyr Arbeit zu suchen. Aber es gibt nichts. Also helfe ich den Gablonzern, sammle tagelang leere Dosen von den Straßen auf und werfe sie auf Lastwägen. Die Amerikaner lassen sie rund um ihre Stützpunkte haufenweise liegen – vor allem in Linz. Müllentsorgung ist nicht ihre Sache. In den Dosen waren Kekse, Weißbrot oder Eipulver.

Albin, Otto und andere schneiden sie im Schloss auf und basteln Broschen daraus. Der Boden ist zu fest, aber der Mantel aus Weißblech lässt sich verarbeiten. Albins Augen funkeln! Die Gablonzer stanzen kleine Hunde aus dem Blech und bemalen sie: Schwanzerl und Ohren schwarz, Mund und Halsband rot. Anstecknadel drangelötet, fertig. Die Amerikaner kaufen ihnen die Hundebroschen ab wie die Deppen.

***

Gürtlermeister Fritz aus Bad Schlag hat einen Betrieb in Losensteinleiten angemeldet. Albin ist trotz fehlenden Arms einer seiner geschicktesten Arbeiter. Wenn ihm jemand Blech oder Draht hält, biegt er sekundenschnell Figuren und Muster daraus. Fritz möchte, dass Albin seine Silberabteilung leitet. Aber Albin hat eigene Pläne. Sein Bruder Georg ist aus britischer Kriegsgefangenschaft freigekommen. Die beiden machen sich mit einer Werkstatt im Schloss selbstständig. Alles, was sie dafür haben, sind ein Tisch, ein Hammer, eine Schere und Kombizangen. Georg ist unverletzt und kann gut anpacken. Er ist zu Kriegsende im niedergebombten Bremerhaven von den Briten gefangen genommen worden.

Er hat gehungert und die Engländer waren harte Hunde. Aber immerhin haben ihre Gefangenen überlebt. Georg hat Briefe schreiben dürfen. So hat er erfahren, dass Albin in Losensteinleiten ist.

Nach seiner Gefangenschaft hat er versucht, über Bayern illegal nach Österreich zu gelangen. Dabei haben ihn die Amerikaner aus dem Zug gefischt und für zwei Wochen in den Häfn gesteckt. Bei Suben ist Georg dann irgendwie über die Grenze. In Losensteinleiten hat er sich in der Pfarre gleich als Organist gemeldet. Er hat die Musik vermisst und sonst gibt es nirgendwo ein Klavier.

***

So oft wie möglich helfe ich Albin und Georg in der Werkstatt. So entgehe ich der Arbeit beim Bauern und verdiene gutes Geld. Auch Vater hat sich vom Bauern losgesagt. In der Stadt baut er die niedergebombten Steyr-Werke wieder auf.

Doch nach einigen Wochen wird seine Hilfe nicht mehr benötigt – und ich muss die Eltern mitversorgen. Ich gebe Mutter mein Geld und behalte nur das Nötigste. Tagsüber schufte ich bei Albin, nachts pfusche ich bei anderen Gablonzern. Bis Mitternacht sitze ich an einem Tisch und stelle Ohrmarken für Schweine her. Ich arbeite mich blöd – oft fünfzehn Stunden am Tag. Dafür kann ich mir hin und wieder Skifahren leisten! Meine Bretter habe ich aus der alten Heimat mitgenommen. Mit anderen jungen Leuten bin ich am Linzerhaus und kurve die Gebirgshänge hinunter. Wie hab' ich das vermisst!

***

Die Gablonzer können aus jedem Dreck etwas machen. „Das Material darf nur nicht zu viel Zink enthalten, weil das zu spröde ist", erklärt Albin. Aus Wrackteilen von Flugzeugen fertigen sie Knöpfe und Schnallen. Am Schwarzmarkt kaufen sie Alteisen und Messing. Über Österreich-Transporte werden sie mit Silber versorgt. Trotzdem stockt der Nachschub. „Wir brauchen Lot, Gasflaschen, Spiritus, Zaponverdünnung, Lack, Siebe, Nägel, Schrauben, Karton, Rex-Gläser, Papiersäcke, Garn, Teerseife, Asbestmehl und Kupferdraht", zählt Albin auf. Und so verrückt das klingt – auch Gold und Platin.

Gott sei Dank hab' ich beim Skifahren den Herrn Major kennengelernt. Ein gutmütiger älterer Herr, der viel für junge Leute übrighat. Er hat eine Ostdeutsche in meinem Alter geheiratet, die zum Arbeiten nach Steyr geschleppt worden ist. So soll sie später mal seine Pension bekommen. Schön ist er allerdings nicht, eher schiach wie die Nacht.

Ich erkläre ihm, dass ich zum Einkaufen nach Wien muss und dafür einen Zonenpass brauche. Der Major schaut mich fragend an. Da erzähle ich ihm vom Wiederaufbau der Schmuckindustrie in Losensteinleiten: „Die Gablonzer brauchen Material und Werkzeug – und ich bin ihre Einkäuferin." Mit dem Zonenpass in der Hand rufe ich Onkel Albert in Wien an. Der Bruder meines

Vaters hat einen Autobus, mit dem er jede Woche nach Linz und retour fährt. Er nimmt mich mit, lässt mich in seiner Wohnung übernachten und zeigt mir die großen Werkzeugfirmen. In Wien gehe ich jede Strecke zu Fuß. Stadt- und Straßenbahn bleiben die Ausnahme. Ich bin die Läuferin vom Dienst. Ein Glück, dass sich mein Granatsplitter im Knie aufgelöst hat. Zumindest spüre ich ihn nicht mehr. Gutes Schuhwerk ist nun meine größte Sorge. Aber auch hier kann Albert helfen. Er besorgt mir Haferlschuhe. Durch meine Fußmärsche lerne ich Wien mit all seinen Bezirken kennen. Am Riesenrad hängt nur noch jeder zweite Waggon, das Schweizerhaus und die Urania müssen wiederaufgebaut werden. Auf der Kärntner Straße sehe ich auf einem riesigen Schuttberg eine zerstörte Schreibmaschine. Das Bild geht mir nicht mehr aus dem Kopf.

Zurück in Losensteinleiten staunen die Gablonzer über meine Beute. Für Albin kaufe ich Beizkörbe, für andere Lötmaterial und Chemikalien, damit sie ihren Schmuck versilbern können. Obwohl ich keine Giftlizenz habe, bekomme ich von den Firmen alles. Am Monatsende rechnet Georg meine Reisen ab. Er ist für das Kaufmännische zuständig – und sehr pingelig. Aber weil ich kein Geld für Fahrt und Nächtigung brauche, bin ich eine günstige Einkäuferin.

***

An den Wochenenden fahre ich mit dem Fahrrad bis Wolfern, um für den Bauern Butter zu kaufen. „Haben Sie noch ein zweites Stück für meine Familie? Wir wollen zu Weihnachten Kuchen backen. Bitte." Der Mitarbeiter der Molkerei war selbst Flüchtling. Nun sitzt er an der Quelle und teilt sein Glück, ohne eine Marke dafür zu verlangen. Weil uns der Müller in Losensteinleiten ein halbes Kilo Mehl verkauft, gibt es für uns zu Weihnachten tatsächlich Kuchen. Vater bekommt als Weihnachtsgeschenk ein Glas Most dazu. Im Krieg hat es keinen Alkohol für uns gegeben, in Losensteinleiten fangen wir zu saufen an! Most, Rübenschnaps – pfui Teufel, schmeckt der grässlich – und Eiercognac. Den hat Edith selbst zubereitet! Ein seltener Luxus.

Das erste Weihnachten in Österreich. Wir sind frei und haben Arbeit! Aber die Nachrichten aus der alten Heimat machen uns Sorgen. Tausende sind bei den Aussiedlungen ums Leben gekommen. Onkel Willi und Tante Annl haben ihren Bauernhof verlassen müssen. Sie haben es zum Glück nach Westdeutschland geschafft. Willi arbeitet jetzt in einer Taschentuchweberei. Von Dunja haben wir nie wieder etwas gehört.

Schmuck und Strümpfe

Ab 1947

Mein Magen knurrt. Das Wetter ist trocken, der Winter eiskalt, das Essen reguliert. Mit den Karten können wir kaum etwas einkaufen und der Bauer gibt uns nichts mehr. Auf gut Glück frage ich am Gemeindeamt nach Reisemarken. Schließlich bin ich oft in Wien, um für die Gablonzer einzukaufen. Tatsächlich bekomme ich Marken für ganz Österreich: Fett, Fleisch und Zucker. Jetzt bin ich unabhängig von der Bagage!

Als die alte Bäuerin davon erfährt, möchte sie frische Milch gegen ein paar meiner heiligen Reisemarken tauschen. Zögernd lass' ich mich darauf ein und bereue es sofort. Nach dem ersten Schluck ist klar, dass sie meine Milch mit Wasser gestreckt hat. Die Alte ist so gierig! Ich hatte mich so auf die Milch gefreut.

***

Zuerst war ich für Albin noch unersetzbar. Ich hab' mich für seine Firma eingesetzt, wo ich nur konnte. Vater hat ihm Geld gegeben, damit er sich selbstständig machen kann. Onkel Albert hat ihm die erste Bohrmaschine besorgt. Und jetzt sagt Georg: „Die Inge können wir nicht brauchen, die ist zu agil." Wir haben gestritten, weil er mich nicht anständig bezahlen wollte. „Ich werde dir doch nicht Geld für die ganze Woche geben, wenn du nicht da bist." Ich war für die Firma in Wien einkaufen. Die Arbeiterinnen vom Land hat er behalten.

Vielleicht hab' ich ihm zu viel auf die Finger geschaut. Von Kassaführung verstehe ich etwas. Außerdem ist jetzt Ediths Schwiegermutter da. Die Frau Geschäftsfrau. Sie ist mit Werner aus der alten Heimat gekommen, wohnt im Schloss und hilft im Betrieb. Georg hat sich lange um ihre Einreise bemüht. Das Amt für Umsiedlung in Linz hat den Tschechen bestätigt, dass Arbeitsplatz und Unterkunft gesichert sind und keine politischen Bedenken bestehen. Trotzdem war ihre Einreise halbseiden, weil Papiere gefehlt haben.

Jetzt ist sie also da – und ich bin weg. Ein anderer Schmuckbetrieb nimmt mich auf und ich lerne Gürtlern. Ich sitze mit Frauen auf breiten, langen Arbeitstischen, stanze Muster aus Tombakblech, setze Steine in Krallen ein und biege mit einer Zange Haken für Ohrringe zurecht. Ich bohre, feile, lege Schmuckteile mit einer Pinzette auf einen Asbestteller und löte sie zusammen. Weil das Material durch die Gasflamme schwarz wird, nennen wir uns Schwarzarbeiterinnen. Der Preis der Broschen wird danach berechnet, wie lange eine routinierte Arbeiterin für ein Dutzend Muster braucht. Ich schaffe fünf Teller in drei Stunden.

***

„Ich muss zurück in die Tschechoslowakei." Die alte Frau am Schalter der Bezirkshauptmannschaft sieht mich an, als hätte ich um ein Ticket nach Amerika gefragt. Auch ich starre sie an, weil sie knallrote Haare hat. So etwas habe ich ewig nicht gesehen. Die Gürtler brauchen Werkzeug. In Wien bekomme ich das nicht, deshalb will ich in die alte Heimat. Die Frau am Schalter schreibt meine Daten auf. Ich soll in ein paar Tagen wiederkommen.

Bei unserem zweiten Gespräch steckt sie mir ein Kuvert zu. „Damit gehen Sie nach Wien ins Innenministerium zum Ministerialrat. Falls Sie tatsächlich in die Tschechei raufkommen, bringen Sie mir doch bitte ein Henna mit." Was soll das sein, frage ich Mutter zuhause. „Ein Haarfärbemittel!" Die Beamtin hat die Papiere im Kuvert mit einer Notiz versehen: „Durch Güte."

Im Zug nach Gablonz muss ich oft an die Frau am Schalter denken. Ich werde ihr das nicht vergessen. Hans, der Drogist, begleitet mich. Er will Dokumente von seinem Bruder holen. Ich frage mich, wie er zu seinen Papieren gekommen ist. Im Zug frischen wir unser Tschechisch auf, aber ich fühle mich beim Sprechen unwohl. Vater hat noch tschechische Kronen gehabt, damit kaufe ich in Gablonz Heizspiralen für Öfen. Die sind in Österreich nicht zu bekommen. Wenn die Spirale kaputtgeht, ist auch der Kocher hinüber. In der Drogerie frage ich nach

Haarkämmen – und Henna. Das haben sie zwar nicht, aber ich bekomme ein Ersatzmittel.

Zurück am Bahnhof Reichenberg treffe ich Hans wieder. Unser Zug hat Verspätung. Stundenlang warten wir in der Bahnhofshalle. Um Mitternacht läuft mein Visum aus – und ich werde nervös. Vor mir steht plötzlich der dunkelhaarige Gauner von der Geheimpolizei, der mich damals beim Doktor hopsnehmen hat lassen. Niemand kann mir helfen, falls er mich wieder zum Verhör bringt. Mir geht die Muffe, ich bin so klein mit Hut. Er sieht herüber, lässt mich aber in Ruhe. Er wird sich denken: „Soll's doch der Teufel holen!"

***

Im Radio berichten sie, dass der tschechische Außenminister im Pyjama aus dem Fenster geflogen ist. Er liegt tot im Hof des Palais Czernin. Niemand glaubt, dass es Selbstmord war. Seit die Kommunisten die Macht übernommen haben, ist eine Rückkehr in die Heimat undenkbar. Durst ist schlimmer als Heimweh. Wir haben uns in Österreich gut eingelebt. Die Nachkriegsjahre vergehen schnell.

Albin verdient gut mit seinem Schmuck und kann mit Edith und Dietmar aus dem Massenquartier ausziehen. Ein Bauer in Maria Laah vermietet ihnen einen Heuboden als Wohnung. Weil die Bretter durchschwingen, hat Edith Höhenangst. Statt eines Klos gibt es einen wackeligen Steg, der bis zur Mitte eines Misthaufens führt.

Trotzdem freuen sie sich, endlich wieder unter sich zu sein – und Edith wird schwanger.

Der fünfjährige Dietmar bekommt eine kleine Schwester! Monika wird am Bauernhof geboren. Bald ziehen sie weiter in eine der Baracken, die die Gablonzer beim Schloss aufgestellt haben. Die Holzhütte kostet 20.000 Schilling – ein Vermögen. Ich weiß nicht, woher das Geld kommt. Neben dem Wohnraum richten Albin und Georg ihre Werkstatt ein. Erstmals verdient sie diese Bezeichnung: Es gibt einen Tisch mit Schraubstock, gebrauchte Maschinen und Werkzeug, ein großes Fenster und elektrische Lampen.

***

„Sie können gleich am Montag bei uns anfangen." Die Arbeit bei den Schmuckerzeugern erfüllt mich nicht, also bewerbe ich mich beim Textilgeschäft Klein am Steyrer Stadtplatz. Hier werde ich Kurzwaren verkaufen – Spitzen, Garne und Knöpfe. Es gibt auch eine Wäscheabteilung mit Strümpfen und Unterwäsche von Palmers. Der Firmenchef ist mir wohlgesonnen, andere weniger. Die Kundinnen hören meinen Akzent und beschimpfen mich als räudigen Flüchtling. Ein Kunde drückt es eleganter aus und lobt mein schönes „Prager-Deutsch". Die Seniorchefin beobachtet meine Umsätze ganz genau. Ich muss mich doppelt anstrengen und darf nicht ins Straucheln geraten.

Textil- und Lederwaren sind komplett verschiedene Bereiche. Ich kenne zwar den Unterschied zwischen einem Zwirnknopf und einem Perlmuttknopf, weiß aber nicht, was ein Köperband ist. Rosi ist im dritten Lehrjahr und bringt mir das Nötigste bei. Ich löchere sie in jeder Pause: Was ist eine Balancierspitze, was ist eine Stoßborte und was ein Steinnussknopf? Ich muss alles wissen, sonst stehe ich vor der Kundschaft da wie ein Maulaffe.

In den ersten Wochen lässt mich die Seniorchefin nie pünktlich Feierabend machen. Ich verpasse fast immer den letzten Bus und muss die zehn Kilometer zu Fuß nach Losensteinleiten gehen. So bleibe ich wenigstens fit! Irgendwann wird mir das aber zu blöd. Ich verabschiede mich von den Eltern und ziehe nach Steyr in ein kleines Kabinett. Im Stadtteil Münichholz nimmt mich eine Kriegswitwe als Untermieterin auf. Ich wohne in der Herta-Schweiger-Straße – benannt nach einer Rot-Kreuz-Schwester und Widerstandskämpferin, die Zwangsarbeitern geholfen hat. Die Gestapo hat sie verhaftet und gefoltert, bis sie in ihrer Kerkerzelle gestorben ist.

Ich kann nun jeden Abend Überstunden machen. Was soll ich auch sonst tun? Nächtelang zeichne ich Raster auf Kartons, nähe Knöpfe an und beschrifte sie. Tagsüber zeige ich meine Knopfkarten stolz der Kundschaft, damit sie sich bequem Knöpfe in allen Formen und Größen aussuchen kann. Den anderen Verkäuferinnen bin ich ein Dorn im Auge. Ich arbeite weiter, wenn sie heimgehen. Dafür darf ich bald an der Kassa stehen. Wenn ich Kleingeld brauche, tun die Kolleginnen so, als würden sie mich nicht verstehen: „Hä? Hä? Hä?" Die Seniorchefin versucht, mir die Schuld an einer fehlerhaften Rechnung zuzuschieben. Aber ich lerne, mich zu wehren.

Bald bin ich für das Modewarenlager verantwortlich und kaufe Ware ein – zum Beispiel bei Palmers. Einmal leiste ich mir Strümpfe aus dem eigenen Sortiment. Doch ich bleibe an einer Schraube hängen, die aus einer Lade herausschaut. Eine Laufmasche! Mir kommen die Tränen.

Amerikaner lassen sich im Geschäft nie blicken. Ich sehe die Soldaten nur, wenn ich an freien Tagen mit dem Moped einer Freundin Steyr erkunde. Sie stehen oft beim Hotel Minichmayr an der Ennsbrücke, wo sie einquartiert sind, und beim Ochsenwirt, wo sie ihre Abende versaufen. Es ist kein Geheimnis, dass die Amerikaner sehr gesellig sind und oft über den Durst trinken. Am Schnallentor sind sie einmal mit dem Panzer in ein Haus gefahren und haben die halbe Mauer weggerissen. Auch wenn sich herumspricht, dass sich dieses und jenes Fräulein mit einem Neger eingelassen hat, erfahre ich es sofort. Klatsch gehört zum Geschäft, interessiert mich aber eigentlich nicht.

***

Nach Wochen gehe ich in der Mittagspause erstmals in ein Gasthaus, das mir meine Kolleginnen empfohlen haben. Danach liege ich mit Bauchkrämpfen und Übelkeit im Bett. Verdorbenes Fleisch, vermutet der Hausarzt. Ich habe eine Vergiftung. Tabletten helfen nicht. Alles, was ich esse, geht durch. Ich magere ab und bekomme keine fünfzig Kilo mehr auf die Waage. Der Hausarzt ist ein Trottel. Zum Glück geht er irgendwann auf Urlaub und wird von einem Nachwuchsarzt aus dem Krankenhaus vertreten. Der sieht mich an und weiß sofort, was zu tun ist: Er holt aus der Schmiede ein glühendes Stück Holzkohle, wirft es in ein Bierglas mit kaltem Wasser und lässt es mich trinken. Das Kohlenwasser beruhigt meinen Magen.

Am Abend besucht mich Mutter. Sie hat Rindfleisch gekauft. Ich möchte sie am liebsten fortjagen, aber sie beruhigt mich: Ich muss das Fleisch nicht essen. Sie steckt es in ein Rexglas, dünstet es und schiebt mir den Saft löffelweise in den Mund. Vier Wochen lang bin ich zum Abschreiben. Erst dann erholt sich mein Körper langsam – und ich kann wieder arbeiten gehen.

***

Albins Bruder Egon ist aus der russischen Kriegsgefangenschaft heimgekehrt. Ihn hat es schlimm erwischt. Ich sehe ihn noch vor mir, nach der Kriegsmatura auf der Straße in Gablonz. Inzwischen ist er stark gealtert, aber kein bisschen gewachsen. Wie auch, ohne Essen?

Egon ist als Flakhelfer bei den Bombardierungen in Berlin verschüttet worden. Als die Russen gekommen sind, haben sie ihn hopsgenommen und nach Kuibyschew abtransportiert. Viereinhalb Jahre lang war er im Lager. Dort werden die Gefangenen in einen eingezäunten Pferch getrieben und müssen sich ihre Baracken selbst bauen, erzählt Egon. Tagsüber arbeiten sie bei eisiger Kälte im Steinbruch. Um nicht zu erfrieren, stecken sie sich Zeitung unter die Kleidung. Am schlimmsten ist der Hunger. Pro Tag gibt es nur eine Schüssel Krautsuppe und ein Stück Brot. Egon hat immer aufpassen müssen, dass ihm niemand eins über die Rübe gibt und sein Brot stiehlt. Hunger haben dort alle. Nach zwei Jahren hat er sich mit einem Gefangenen aus der Küche angefreundet. Egon hat seine Wäsche gewaschen und dafür Essensreste bekommen. Später hat ihn sein Kamerad als Küchenhilfe dazugeholt. Statt zu schlafen, hat Egon nach der Arbeit im Steinbruch für ein bisschen Essen die großen Töpfe gewaschen. Doch was ist auf lange Zeit schlimmer – Hunger oder Müdigkeit?

Insgesamt ist Egon in drei Lagern gewesen. Ans Heimkommen hat er nicht mehr geglaubt. Aber dann hat er es mit einem Gefangenenrücktransport nach Österreich geschafft und sich nach Losensteinleiten durchgeschlagen. Albin hat ihn sofort in seinen Betrieb aufgenommen und zum Produktionsleiter ernannt. Er weiß, dass sein kleiner Bruder handwerklich geschickt ist. Aber Russland hat Egon verändert. Er hat viel von seiner Fröhlichkeit verloren.

***

Losensteinleiten ist für die Gablonzer Geschichte. Schloss und Baracken sind zu klein geworden. Die Schmuckhersteller sind daher nach Enns gezogen. Die Stadt an der Zonengrenze ist gut an den Verkehr angebunden und hat ihnen die Gründung eines neuen Stadtteils erlaubt – Neugablonz! Aus den ehemaligen Flüchtlingen Edith und Albin sind offiziell österreichische Staatsbürger geworden. Auch sie übersiedeln samt Werkstatt nach Enns in die ehemaligen Pferdestallungen der Lerchentaler Kaserne und danach weiter in die neue Gürtlerstraße. Albin kümmert sich um die Muster, Egon um die Erzeugung und Georg arbeitet im Büro. Die Firma blüht auf, die drei Brüder kaufen bei Swarovski in Tirol ein und exportieren bis nach Kanada und in die USA.

***

„Wollen wir tanzen?" Herberts Mutter ist gestorben. Ich hab' ihm einen Beileidsbrief geschrieben und er hat mich zum Fünfer-Tee ins Kaffeehaus eingeladen. Aber ich tanze nicht gerne. Im Krieg war es nicht erlaubt und warum soll ich jetzt damit anfangen? Dafür kommen wir ins Reden. Er trägt den Anzug, den ich ihm aus Gablonz mitgebracht habe.

Mit seinen 37 Jahren ist er nach wie vor ein sehr fescher Mann mit Selbstvertrauen. Im Haus seiner Eltern in

Gleink sagt er, dass er mich heiraten möchte. Gott sei Dank fällt er nicht auf die Knie. Wir sitzen am Tisch und besprechen, ob wir uns Hochzeit und Wohnung leisten können, was wir verdienen und als Heiratsgut mitbringen. Ich bin mit meiner Ausstattung eine gute Partie. Herbert hat eine Anstellung im Export eines Glasdruckerwerks in Ramingdorf und verdient gut. Er ist zwar verwundet, aber verwundet sind ja alle.

Vater ist erleichtert, dass ich mit meinen 26 Jahren endlich einen Mann gefunden habe. Herbert ist anständig und kann für mich sorgen, hofft er. Ich bekomme einen Verlobungsring aus Gold, der gleichzeitig mein Ehering ist – bezahlt vom Schwiegervater. Herbert könnte ihn sich nicht leisten. Ich fahre nach Linz und suche mir im Tuchgeschäft an der Mozartecke einen silber-hellgrauen Stoff für ein leichtes Kostüm aus. „Der Stoff passt wunderbar zu Ihrem Teint", scherzt der Affe von Verkäufer. Dabei hat mein Teint mit der Farbe überhaupt nichts zu tun. Ich will nur nicht in Weiß heiraten, weil ich schon eine alte Ziege bin. Die meisten meiner Freundinnen haben mit 18 Jahren im Krieg geheiratet – und stehen jetzt als Witwen allein mit den Kindern da.

Wir ziehen nach Ramingdorf. Das liegt zwar in der Russenzone, aber Herbert bekommt dort eine schöne Betriebswohnung in einem neu gebauten Haus. Kaum haben wir die Zimmer eingeräumt, heiraten wir am Standesamt und in der Vorstadtpfarrkirche. Vater führt mich als Trauzeuge zum Altar. Danach feiern wir im neuen Zuhause im kleinsten Kreis. Weil die Wohnung über uns noch leer steht, dürfen wir sie für das Fest mitbenützen. Edith und Tante Elsa bereiten darin das Hochzeitsmahl zu. Tage vorher haben sie von allen Gästen Lebensmittelkarten eingesammelt und eingekauft. Ein Bekannter spielt Geige.

***

Dass wir in der russischen Besatzungszone wohnen, bekomme ich jeden Tag zu spüren. Wenn ich über die Brücke nach Steyr möchte, staubt mich der amerikanische Soldat mit seiner DDT-Spritze ein. Unter das Kleid und hinten in den Nacken – bis ich von oben bis unten gelb bin. Die Amerikaner scheren sich eigentlich um nichts, aber vor den Leuten aus der Russenzone haben sie Angst. Sie fürchten, dass wir Viren und Bakterien einschleppen.

Also muss ich das stinkende Insektenpulver in der Stadt abschütteln und mein Gewand ausbürsten. Dem russischen Soldaten am Rückweg genügt mein Identitätspass.

Am Weg zum Schwarzmarkt kommt mir eine Gablonzerin mit Baby entgegen. „Ein Bub", lächelt sie verlegen. Der Vater, ein Russe, ist längst über alle Berge. Aber immerhin hat sie ein Kind. Herbert und ich werden keines bekommen, obwohl ich mich darauf gefreut hätte.

Seine Bauchverletzung ist zu stark – für ein Kind ist einfach zu wenig da. Wir können es nicht erzwingen.

Dafür verwöhne ich weiter Dietmar. In Steyr kaufe ich unter der Hand unverschämt teure Schokolade und in Linz sogar eine Lederhose. Dort finde ich auch einen Zahnarzt, mit dem ich ein bisschen schachern kann und der mir die Zähne plombiert. Leider muss ich dafür über die Donaubrücke – und werde wieder mit DDT eingestaubt.

***

„Die Lösung des Arbeitsverhältnisses erfolgt wegen Verehelichung." Ich bin nicht mehr im Kurzwarengeschäft. Herbert arbeitet mit seinem Stiefvater in der Glasdruckerfabrik. Sie stellen Christbaumschmuck her und bedienen die großen Kaufhäuser. Mir bleibt Zeit, die Eltern in Losensteinleiten zu besuchen. Aber in Wahrheit halte ich es kaum aus, zuhause zu sitzen und nichts zu tun.

Bald läuft es in der Glasdruckerfabrik nicht mehr rund. Kunststoff verdrängt das zerbrechliche Glas, behauptet Herbert. Die Fabrik wird jedenfalls geschlossen und er verliert seine Anstellung. Sie bieten ihm zwar einen Posten in einer anderen Stadt, aber das will er nicht. Wir müssen unsere Koffer packen und aus der Betriebswohnung ausziehen. Fürs Erste kommen wir beim Stiefvater in Gleink unter und wohnen in einem halbfertigen Haus. Schön ist es nicht, aber es gibt genug Platz.

„Inge, wir machen uns selbstständig!" Herbert ist von seiner Idee nicht abzubringen. Er möchte wieder Similiseur werden und damit zurück zu seinen Wurzeln. Seine verstorbene Mutter hat in Gablonz einen Schmuckbetrieb gehabt.

Ein Similiseur spritzt eine Schutzschicht aus Silber auf die Unterseite geschliffener Glassteine. Dadurch sehen sie aus wie Diamanten. Herbert richtet mit seinem gutmütigen Stiefvater eine Werkstatt im Haus ein. Mich stellt er als mithelfende Ehegattin an. So braucht er mir fast nichts zu bezahlen. Die Arbeit als Similiseurin macht mir wenig Freude. Den ganzen Tag sitze ich mit einer Maske in der Werkstatt und versilbere Glas- und Zinnsteine. Der Salmiakgeist ist so stark, dass mein Hals kratzt und ich keine Luft bekomme. Oft bin ich so benebelt, dass ich nicht klar denken kann. Beim Aufräumen der Werkstatt schütte ich einmal Fässer mit dreckigem Wasser aus. Als es im Kanal versickert, bemerke ich, dass Silber darin war. Ein teurer Fehler.

Nach drei Jahren halte ich es nicht mehr aus und kündige bei meinem Mann. Ich habe schließlich einen Beruf gelernt! So viel ist in Herberts Firma ohnehin nicht zu tun. Er kommt auch ohne mich klar.

***

„Du bist doch mit dem Palmers gut. Versuch' es bei denen!" Die Kontoristin im Textilgeschäft verrät mir, dass Palmers in Steyr eine eigene Filiale aufmachen will. Ich bewerbe mich und bekomme im Herbst eine Einladung für ein Vorstellungsgespräch. Die Palmers-Filiale soll im ehemaligen Seiden- und Tuchgeschäft in der Enge Gasse aufsperren. Vor dem Geschäft warten bereits zig andere Frauen in der Mittagssonne. Die Schlange reicht bis zum Stadtplatz zurück. Jede will zu Palmers. Mein Vorstellungsgespräch läuft gut. Sie kennen mich noch vom Textilgeschäft Klein, schätzen meinen Fleiß und meinen Umgang mit der Kundschaft.

***

Sie wollen mich als Filialleiterin anstellen! Um das Geschäft mit der Damenwäsche kennenzulernen, ziehe ich vorübergehend nach Graz. In der Palmers-Filiale am Hauptplatz wird mir alles beigebracht. Eine Mitarbeiterin vermietet mir ein Kabinett. Nur an den Samstagabenden fahre ich nach Hause, um Herbert ein paar Stunden zu sehen. Er holt mich um Mitternacht vom Bahnhof ab und wir spazieren zu Fuß nach Hause. Montagfrüh stehe ich wieder in der Filiale in Graz.

Nach wenigen Wochen kehre ich nach Steyr zurück. Die Palmers-Filiale ist noch eine Baustelle. Nicht einmal eine Tür gibt es, nur ein paar Bretter. Würde jemand dagegenrennen, stünde er im Geschäft. Aber Weihnachten steht vor der Tür und wir müssen verkaufen. Wenn nicht jetzt, wann dann? Die Kundschaft stürmt unser Baustellen-Geschäft. Wir bieten Socken an, die hart wie Holz sind. Ein hohes Vieh vom Elektrizitätswerk kauft sie mir sofort ab. Jeder ist froh, wieder einkaufen zu können. Die Filiale läuft so gut, dass ich 500 Schilling Prämie überreicht bekomme – in einem Lederetui!

***

Die Filiale bleibt zwar offen, ich muss für meine Ausbildung aber weiterziehen. Im neuen Jahr schickt mich Palmers nach Wiener Neustadt. Ich arbeite mit zehn Frauen in einer neuen Filiale und übernachte privat bei einem alten Ehepaar. Sie sind nett, aber geben mir zu viel zu essen. Große Portionen ist mein Körper nicht gewohnt. Das Gulasch am Abend ist mein Untergang. Ich kaufe mir am Heimweg extra ein Butterbrot. So kann ich reinen Gewissens behaupten, schon gegessen zu haben. Die Alten meinen es gut, aber verstehen mich nicht: „Die anderen Filialleiter haben alle Hunger gehabt!"

Wiener Neustadt liegt in Schutt und Asche. Gehsteige und Häuser sind zerstört, aus den Fenstern ragen Ofenrohre. Die Amerikaner haben hier so viele Bomben wie nirgendwo anders in Österreich heruntergelassen, weil die Deutschen hier Jagdflugzeuge gebaut haben. In der Nacht ist die Stadt wie ausgestorben, die Fensterläden sind geschlossen. Wegen der kaputten Straßenbeleuchtung ist es so dunkel, dass ich mich ständig verlaufe.

Dafür ist tagsüber umso mehr los. Jeder tut, was er kann. Männer verputzen Ziegelmauern und reparieren Häuser. Frauen vom Land verkaufen ihre Ernte – aber sie bleiben zwischendurch vor Palmers stehen, stellen ihre Gemüsekörbe ab und kaufen Wäsche. Wir haben so viel Kundschaft, dass ich nur an der Kassa stehe und nicht zum Bedienen komme. Ein Inspektor kündigt sich an, um die Filiale zu kontrollieren. Also reserviere ich persönlich ein Zimmer im Hotel Meszaros beim Rathaus. Doch als der Inspektor eintrifft, will das Hotel von keiner Reservierung wissen. In der Früh steht der Inspektor wütend in der Filiale und flucht: „Frau Inge, ich habe im Badezimmer am Gang geschlafen. In der Wanne!" Zum Glück ist er nicht nachtragend.

***

Die nächste Station meiner Ausbildung ist Villach. Ich wohne im Hotel Post und habe jeden Mittwoch frei. Urlaubsstimmung kommt auf. „Frau Inge, haben Sie Ihren Reisepass mit?" Und schon sitze ich mit dem Direktor und der halben Belegschaft im Zug nach Italien. Wir gehen in Tarvis Fisch essen und einkaufen. Ich besorge einen Pullover für Dietmar, eine Krawatte für Herbert und Schuhe für mich. Am Abend versuchen wir, alles nach Österreich zu schmuggeln. Beim Einsteigen verliert eine Kollegin einen ihrer neuen Stöckelschuhe. „Wem gehört der?" Ein Zollbeamter hält den weißen Schuh grantig in die Höhe. Danach kontrolliert er jedes Abteil und beschriftet die Waren mit Kreide. Meine Beute habe ich im Mantel versteckt. Die Zollbeamten übersehen sie zum Glück. In Villach bleibe ich ein paar Wochen länger als geplant – weil es mir gefällt und weil sich die Leiterin der zweiten Filiale beim Skifahren den

Haxen gebrochen hat. Ich springe ein und erlebe noch den Fasching!

***

Zurück in Steyr bekomme ich endlich mein eigenes Geschäft. Als Filialleiterin bin ich die Erste, die kommt, und die Letzte, die geht. Meine Verkäuferinnen beraten und verpacken. Ich stehe an der Kassa, kontrolliere die handgeschriebenen Blöcke, tippe die Posten ein und kassiere. Die erste Zeit tragen wir grüne, körperbetonte, kurzärmelige Charmeuse-Kleider mit weißen Kragen und Manschettenknöpfen, dazu Gürtel, grüne Wolljacke und schwarze Schuhe. Am Kleid ist eine goldene Brosche mit Palmers-Krone und Nummer angesteckt. Die Filialleitung hat die Eins, die Stellvertretung die Zwei.

Unsere Knöpfe, Wolle, Unterwäsche, Binder und Handschuhe gehen weg wie warme Semmeln. Abends bestelle ich neue Ware, zwischendurch verkaufe ich selbst und bilde Lehrlinge aus.

Wenn Zeit ist, halte ich der Kundschaft die Tür auf – das ist Palmers-Philosophie. Sogar dem Leo, wenn er Damenstrümpfe für das Puff braucht. Er ist ein versoffener Bursche und Strauchritter, der überall in der Stadt auftaucht. Dann ist zwar kein Tropfen Alkohol vor ihm sicher, aber er bietet auch seine Hilfe an. Weil bei ihm jeder Pfennig stimmt, wird er von allen in Steyr geachtet.

Leo kauft für das Puff „Stadt Wien" ein. Aber wir haben noch ein zweites Bordell in der Gleinker Gasse. Das wird von einem lieben Ehepaar geführt und hat besonders fesche Damen – alles Deutsche, die auch bei uns einkaufen. Meistens kommt die Puff-Mutti mit zwei, drei Damen im Schlepptau und bezahlt alles. Eine ausgezeichnete Kundschaft! Wenn die leichten Damen allein einkaufen, erkennen wir sie an der Schminke.

Sie kaufen zuerst bei uns Unterwäsche und gehen dann für ihre Deckel weiter in die Apotheke. Manch betuchte Kundschaft verdreht die Augen, wenn wir sie bedienen. Aber mir sind alle Leos und Puffdamen dieser Welt lieber als die, die vor jedem Heiligenbild aus Ehrfurcht niederknien – und vor jedem Freudenhaus, weil es dort so sündig ist. Das sind dieselben, die dich vorne anhimmeln und dir dann von hinten das Hackl ins Kreuz hauen.

***

Wenn wir über hunderttausend Schilling Umsatz machen, dreh' ich das Licht in der Filiale kurz ab. So wissen meine Verkäuferinnen gleich Bescheid. Vor Weihnachten geschieht das alle drei Tage. Der verwunderten Kundschaft erzählen wir, dass die Stromleitungen überlastet sind. Das Lichtsignal ist ein Ansporn. Jede meiner Damen hat am Tag bis zu sechzig Kundinnen. Im Dezember haben wir keinen einzigen Tag frei.

Die stärksten Arbeitstage sind der Silberne und der Goldene Sonntag, da haben alle Geschäfte offen. Meine Finger verkrampfen sich beim Kurbeln der Kassa und dem Tippen der schweren Knöpfe. Vom Geldzählen bekomme ich eine Sehnenscheidenentzündung. Als mich Edith und Albin im Geschäft besuchen, bemerke ich sie ewig nicht – und die beiden müssen sich das Lachen verkneifen. Wenn ich mit ihnen und anderen Gablonzern rede, falle ich in den Dialekt der Heimat. Ansonsten bemühe ich mich, schönes Hochdeutsch zu sprechen – genauso wie meine Verkäuferinnen.

Wir arbeiten bis in die Nacht hinein und haben kaum Zeit zum Essen. Wir ernähren uns hauptsächlich von Ölsardinen aus der Dose – mit Brot. Das sättigt und ist ein Geheimtipp der Gablonzer. Edith und Albin greifen sogar zu Ölsardinen, bevor sie tanzen gehen. Damit haben sie eine gute Unterlage und müssen auswärts nicht so viel konsumieren.

Auf dem Kassenbuch steht „Mit Gott." Einnahmen und Ausgaben müssen stimmen. Das Geld verwahren wir über Nacht in einem versteckten Tresor. Am Morgen bringe ich es allein in einer unauffälligen Tasche zur Post und zahle es am Geldschalter ein. Würde mich jemand ausrauben, wäre er reich.

***

Ich schaue mich nach einer Wohnung in Steyr um und bitte einen alten Sozialisten um Hilfe. Der sagt nur: „Sie wollen eine Wohnung? Ich will einen Anzug!" Aber nicht mit mir! Ich versuche mein Glück beim Chef einer Wohnbaugesellschaft. Er ist Kriegsinvalide und hat wie Albin nur noch eine Hand. Doch diese hält er auf. Offenbar geht es nicht anders. Ich atme tief durch und biete ihm Kammgarnstoff aus Gablonz an. Herbert und ich ziehen in eine Wohnung in der Keplerstraße. Aber meine Nachbarn sehen mich das ganze Jahr nicht: „Die Frau Inge ist immer im Geschäft."

***

Für meine Arbeit brauche ich den Führerschein. Den Prüfungstermin halte ich vor meinen Damen geheim. Falls ich durchfalle, brauchen sie es nicht zu wissen. Ich kenne meinen Prüfer – seine Frau ist eine gute Kundin. Leider verstehe ich ihn kaum, weil er zu seinem Dialekt auch noch stark nuschelt. Während der Fahrt bekommt er Hunger und will sich eine Schinkensemmel kaufen. Er geht zum Fleischer und lässt mich einstweilen einparken. Bestanden! Die Fleischhauerin tratscht natürlich sofort in der Palmers-Filiale: „Die Frau Inge hat die Führerscheinprüfung geschafft!" „Wissen wir!", schwindelt Frau Eva.

Ich bekomme vom Juniorchef einen hellgrauen Käfer in Luxusausführung. Er hat 40 PS und Gummipuffer bei den Stoßstangen. Weil ich die Nobelkutsche auch privat nutzen möchte, kaufe ich sie Palmers ab. Dienst ist Dienst und Schnaps ist Schnaps. Zum Dank bekomme ich eine Gehaltserhöhung.

Manchmal setze ich mich in der Mittagspause ins Auto und fahre nach Salzburg. Dort bummle ich durch die besten Modehäuser. Ab und zu kaufe ich mir sogar eine Bluse. Bei Palmers haben wir drei Stunden Mittagspause und als Filialleiterin kann ich es mir mittlerweile leisten, mal eine Stunde später zu kommen.

***

Auch Edith macht den Führerschein und bekommt von Albin einen Fiat 1400. Zur Einweihung fahren sie nach Grado. Aber auf den italienischen Straßen schmeißt Edith die Nerven weg. Autofahren ist nicht das ihre, stellt Beifahrer Albin fest und macht sich über Ediths Fahrkünste lustig. „Dann fahr halt du!", schnaubt ihn Edith an. Sie lässt sich nicht länger sekkieren – und greift nie wieder ein Steuer an.

Also muss Albin das Autofahren mit einer Hand lernen. Dafür lässt er sich einen Knauf ans Lenkrad montieren und legt bei jeder Fahrt einen Polster aus Kunststoffleder auf seinen Schoß. Damit fixiert er das Lenkrad, während er schaltet.

Albin ist ein guter Autofahrer. Aber der Krieg hat seine Spuren hinterlassen. Bei jeder Kreuzung fragt er: „Kommt ein Feind?"

***

„Die Kabine ist mir zu eng, Fräulein." Obwohl ich schon lange verheiratet bin, nennt mich eine Kundin weiterhin Fräulein. Die mollige Frau weigert sich partout, das Gewand in der Umkleidekabine anzuprobieren. Weil sie eine gute Kundin ist, erlaube ich ihr, die Sachen zur Anprobe mit nach Hause zu nehmen. Das ist bei Gott nicht üblich, aber ich vertraue ihr. Nach ein paar Stunden klingelt das Telefon und sie teilt mir mit tiefer Stimme mit: „Danke, Fräulein, es passt." Dann kommt ihr Mann ins Geschäft und bezahlt. Aus diesem Ritual entsteht ein geflügelter Satz: Wenn eine meiner Damen fragt, wie es mir geht, antworte ich schmunzelnd mit tiefer Stimme: „Danke, Fräulein, es passt."

Leben und Tod

Die Jahre vergehen. Ich arbeite viel und sorge mich wenig. Edith bringt eine zweite Tochter zur Welt. Sie gibt ihr den Namen Judith. Aber das Glück hält nicht lange. Dietmar ist gerade 16 Jahre alt geworden. Zwei Wochen später fährt er wie so oft mit dem Zug nach Linz. Im Rosenstüberl trifft er seine Freunde und raucht Mary-Long-Zigaretten. Doch an diesem Abend kommt er nicht mehr nach Hause. Mutter holt das Neugeborene zu sich, Edith und Albin fahren zur Polizei.
Passanten haben Dietmar im Schillerpark tot auf einer Parkbank gefunden. Er trägt seinen dunkelblauen Anzug, den er eben zum Geburtstag bekommen hat. Den Kammgarnstoff hat Vater besorgt. Dietmar hat Zyankali aus Albins Werkstatt gestohlen und das hochgiftige Zeug getrunken.

Die Polizei ordnet eine Obduktion an und befragt Dietmars Freunde. Es soll Streit gegeben haben. Doch niemand will etwas wissen. Dietmar hinterlässt keinen Abschiedsbrief. Es gibt das Gerücht, er sei von einer Sekte verführt worden. Dort soll er sich geborgen gefühlt haben. „Das Raumschiff fährt zur Erde nieder ...", hat

Dietmar in seinem Taschenkalender notiert. Was das wirklich bedeutet, weiß keiner.

Als Legastheniker hat sich Dietmar in der Schule und der Gürtlerlehre schwergetan. Dass er den Erwartungen nicht entsprochen hat, ist ihm nicht entgangen. Selbst Albin ist von seinem Sohn enttäuscht gewesen. Trotzdem ist Dietmar immer als möglicher Nachfolger gehandelt worden. Das hat ihn für andere in der Firma zu einem roten Tuch gemacht. Auch Albins Brüder sollen nicht gerade fein mit ihm umgegangen sein. Im Betrieb hat es viel Eifersucht und Konkurrenz gegeben. Dietmar war stets ein gutmütiger, aber zerrissener Mensch. Er hat nie gewusst, wo er hingehört.

Beim Begräbnis halten die Trauergäste Abstand. Edith und Albin wollen nicht, dass ihnen Beileid ausgesprochen wird. Edith kann nicht mehr schlafen. Sie trägt schwarz – weit über das Trauerjahr hinaus. Lippenstift und Luxusgüter greift sie nicht mehr an. Eine Schachtel mit Dietmars Sachen hütet Edith wie einen Schatz: eine Uhr, einen Kamm, alte Kinotickets und Taschentücher mit seinen Initialen.

Die ältere Tochter Monika schicken Edith und Albin ins Internat. Ihre neugeborene Schwester Judith wächst wie ein Einzelkind auf – und wird übermäßig umsorgt. Edith und Albin erzählen ihr später, dass Dietmar bei einem Autounfall ums Leben gekommen ist.

Wenn meine Kundinnen von ihren Kindern und Weihnachten im Kreis der Familie erzählen, muss ich weghören. Ich habe Dietmar geliebt wie mein eigenes Kind. Sein Tod beschäftigt mich jeden Tag. Ich möchte mir den Zyankali-Tod nicht vorstellen, doch die grauenhaften Gedanken lassen mich nicht los. Eine meiner Verkäuferinnen versteht meine Trauer nicht. Sie erklärt mir vor versammelter Mannschaft: „Auch Kinder reicher Eltern müssen sterben."

***

Albin und Edith lassen ein Haus bauen – ein Therapieprojekt. Sie haben dafür auf der niederösterreichischen Seite der Enns einen Baugrund gekauft. Die Russen sind abgezogen und die Preise noch günstig.

Ennsdorf ist Albins Schicksalsort. Hier hat ihn der russische Soldat über die Brücke gelassen. Das neue Haus ist eines der ersten neben Feldern und Wiesen. Edith freut sich auf den Garten. Mutter ist begeistert und überredet mich, den Nachbargrund zu kaufen. So bleiben wir alle zusammen und Mutter kann Gemüse anbauen. Das Geld dafür kann ich nicht einfach aus dem Ärmel schütteln, also spare ich beim Essen.

Jahrelang trinke ich mittags nur Buttermilch. Ein halber Liter im Tetrapak genügt als Tagesration. Meine Damen belächeln mich, aber die Milch ist gesünder als ihre deftigen Mahlzeiten. Außerdem leiste ich mir danach noch einen Kleinen Schwarzen.

***

Palmers hat mich in sein Hotel nach Thumersbach eingeladen! Die Erholung hat mir gutgetan, doch kurz vor der Heimreise werde ich unruhig. Herrgott, was ist denn jetzt los? Ich spüre, dass etwas nicht in Ordnung ist. Zurück in Steyr fahre ich sofort zu Mutter, die mir die traurige Nachricht überbringt: Vater ist tot. Er ist am Vormittag noch ins Geschäft gekommen und hat nach mir gefragt. Meine Verkäuferinnen haben ihm gesagt, dass ich erst am Abend zurückkomme. Er ist noch wenige Schritte gegangen und hat sich wegen heftiger Brustschmerzen in ein Taxi gesetzt. Kurz darauf ist er im Krankenhaus gestorben.

Vater hat einen Herzfehler gehabt und sich seine Gesundheit durch die schwere Arbeit ruiniert. In seinen letzten Berufsjahren ist er Sprengmeister gewesen und hat beim Bau des Staudamms in Kaprun geholfen. Er ist nur am Wochenende zuhause gewesen. Unter der Woche ist er mit dem Sprenggerät täglich hunderte Stufen in die Höhe gestiegen und hat sich dabei ein Lungenemphysem geholt. In der Pension hat ihn Mutter gepflegt. Vater hat viel Zeit gehabt, um über den Tod nachzudenken. Dass er nicht von Würmern gefressen werden will, hat er schon damals am Friedhof in Gablonz klargemacht. Wir lassen ihn daher verbrennen. Es bleiben nur Knochenteile und Asche für die Urne übrig. Das ist klein, sauber und ordentlich.

***

Nach langen Arbeitstagen bei Palmers rauchen Frau Eva und ich noch eine Reyno im Lager über der Filiale. Wir haben dort eine Küche eingerichtet. Ich habe mir angewöhnt, Mentholzigaretten zu rauchen. Es ist schick und ich kann mir die paar Zigaretterln am Tag leisten. Am liebsten rauche ich mit Frau Eva. Sie ist eine gute Freundin geworden und ich für sie eine Ersatzmutter. Zwei Mal am Tag gehen wir rüber zur Konditorei, holen uns einen Kleinen Schwarzen und pofeln.

Rund um mich rauchen alle: Die einen haben im Schützengraben angefangen, die anderen nach Kriegsende – einfach, weil es wieder Zigaretten zu kaufen gegeben hat. Geraucht wird überall: im Büro, im Bus, im Zug und im Auto.

Nur Edith und Albin greifen keine Zigaretten an. Edith ist zu brav und Albin hat Asthma. Wer einmal Lufthunger hat, raucht nicht, sagt er. Seine Brüder wollen ihm das nicht durchgehen lassen – ein richtiger Mann raucht! Sie schenken Albin eine Pfeife und zwingen ihn jedes Silvester zum Paffen. Edith unterstützt das Ritual, „damit es einmal nach Mann riecht". Albin stirbt dabei tausend Tode.

***

Ich kaufe mir schwarze Strümpfe. Herberts Stiefvater ist gestorben, doch das ist nicht alles. Ich kann mit Herbert nicht mehr zusammenleben. Er ist sein Leben lang verwöhnt worden. Papa hat's, Mama gibt's. Jetzt sind die beiden nicht mehr, also erfindet er alle möglichen Leiden. Seine Firma in Gleink ist schon lange den Bach runtergegangen. Die Arbeit hat er nicht erfunden.

Da mach' ich nicht mehr mit! Wir leben zwar noch in derselben Wohnung, aber nicht mehr zusammen. Jeder hat sein eigenes Stück Butter im Kühlschrank. Ich arbeite so viel, dass wir uns kaum sehen. Was Herbert tagsüber macht, weiß ich nicht. Er dürfte viel spazieren gehen. Die Leute tuscheln, tauschen Gerüchte aus und fragen nach seiner Gesundheit. Wenn mich jemand anspricht, antworte ich: „Er arbeitet von zuhause aus."

***

„Komm, fahren wir in den Garten!" Mutter will jedes Wochenende nach Ennsdorf fahren. Ich würde gern einmal woanders hin, aber so sehe ich wenigstens Edith, Albin und meine beiden Nichten. Auf den Rückfahrten nach Steyr ist unser Kofferraum meist bis oben hin voll mit Gemüse.

Einmal will auf der hügeligen Landstraße ein Verrückter im Gegenverkehr überholen. Das geht sich nicht aus. In letzter Sekunde reiße ich das Lenkrad nach rechts. Wir stürzen in den Graben. Ich halte das Lenkrad fest umklammert Als früheres Firmenauto hat mein Käfer zwar Gurte, aber Mutter und ich wären nie im Leben auf die Idee gekommen, sie zu benützen. Mutter bricht sich den Ellbogen, ich komme mit blauen Flecken davon. Der Unfalllenker liegt mit seinem Auto gegenüber in der Böschung. Seine Augen sind gelb vom Schnaps. Fluchend hole ich beim nächsten Bauernhof Hilfe. Mein Käfer wird abgeschleppt und Mutter ins Krankenhaus gebracht. Ich lass' den Kübel reparieren und verkaufe ihn erst nach hunderttausend Kilometern. Zuvor baue ich aber noch das Autoradio aus.

***

Herbert hatte einen Herzinfarkt. Er ist mit Schmerzen ins Krankenhaus eingeliefert worden. Ein Arzt hat mich in der Filiale angerufen und gemeint, ich solle schnell kommen. Aber als Filialleiterin kann ich das Geschäft nicht auf die Sekunde zusperren. Als ich eine Stunde später eintreffe, ist Herbert bereits tot – und ich verliere die Nerven. Am Heimweg fahre ich mit meinem neuen Golf gegen die Einbahn, bis mich die Polizei stoppt. Mein Mann ist gestorben, versuche ich zu erklären. Die Polizisten lassen mich umdrehen und weiterfahren.

Herbert ist nicht alt geworden. Sechs Jahre Krieg, Kälte, Hunger und Marschieren haben viel Kraft gekostet. Vor dem Begräbnis finde ich in der Innentasche seines Sakkos eine Packung Herzkapseln. Er muss schon lange in Behandlung gewesen sein. Das hat er mir verschwiegen. Ich mache mir Vorwürfe. Wenn ich das gewusst hätte, wäre ich bis zum Schluss bei ihm geblieben. Ich lasse Herbert bei seinen Eltern beisetzen und übernehme die Kosten für das Grab. Zum Dank bekomme ich eine Witwenpension.

***

„Der alte Palmers ist entführt worden!" In der Filiale sind alle aufgeregt. Ich telefoniere mit der Zentrale. Drei Maskierte haben den Herrn Walter am Abend vor seiner Wiener Villa in ein Auto gezerrt. Die „Entführung des Strumpfkönigs" macht Schlagzeilen. Der Sohn ist mit einem Koffer voll Lösegeld losgefahren – 31 Millionen Schilling in Scheinen. Der Polizei hat er nichts gesagt. Die Entführer haben ihn übers Telefon wild durch die Gegend geschickt, das Geld genommen und den alten Palmers freigelassen.

Hundert Stunden ist er in einem Verschlag eingesperrt gewesen. Zumindest haben die Entführer seine Medikamente besorgt – die braucht er mit seinen 74 Jahren. Nach seiner Freilassung hat er sich als Erstes bei seiner Frau entschuldigt, dass er zu spät zum Abendessen gekommen ist.

Wenige Tage später steht er wieder bei mir im Geschäft. Kurz vor Weihnachten muss alles picobello sein. Nur seine Hand dürfen wir nicht mehr schütteln. Die Entführer haben ihn in eine Matratze oder einen Teppich gewickelt und so aus dem Auto getragen, erklärt er. Der raue Stoff hat die dünne Haut seiner rechten Hand aufgerieben.

***

Ich habe mit dem Rauchen aufgehört. Ich brauche es nicht mehr. Das habe ich allen in der Filiale unmissverständlich erklärt. Ab und zu stehe ich aber zuhause doch am Balkon. Dann lehne ich mich gegen die Wand, blicke stumm in die finstere Nacht und zünde mir eine Reyno an. Leider tratschen die Leute so viel.

Meine Freundin Elfi wohnt schräg gegenüber und redet oft von einem seltsamen Glühwürmchen auf meinem Balkon. Die Geschichte kennen auch bald alle in der Filiale.

***

Ich muss mich um Mutter kümmern. Sie hatte einen Herzinfarkt und ist auf meine Hilfe angewiesen. Das lässt sich nicht länger mit meiner Arbeit vereinbaren. Nach 26 Jahren ist es Zeit, aufzuhören. Ein halbes Jahr hänge ich noch dran, damit die Zentrale eine Nachfolgerin schicken kann. Dann gehe ich in Pension.

Vor meinem 55. Geburtstag ist es soweit: Der Direktor verabschiedet mich in der Filiale. Als eine seiner treuesten und besten Mitarbeiterinnen lässt er mich nur ungern gehen, sagt er. Ich tausche mein grünes Kleid und den Filialschlüssel gegen Zeugnis und Blumensträuße, gehe mit meinen Damen in der Stadt essen – und das war es dann auch schon. Aber ich mache mir nichts vor, ich wechsle vom Beruf in die Pflege.

***

Täglich bin ich bei Mutter. Ich will sie zu mir holen, brauche dafür aber eine größere Wohnung. Ohne Parteispende wird das leider nichts. Onkel Albert hat für solche Anlässe stets Parteibücher in allen Farben gehabt und immer gesagt: „Passt auf, ich bin Mitglied. Ihr wollt eine Spende, jetzt brauch' ich was!"

Ich schiebe meinem Gegenüber zehntausend Schilling im diskreten Kuvert hinüber und bekomme eine größere Mietwohnung gleich ums Eck in der Kopernikusstraße im ersten Stock. Das Zusammenleben mit Mutter funktioniert gut: Sie kocht, hilft im Haushalt und versucht, mir nicht zur Last zu fallen. Doch dann macht sie einen falschen Schritt. Mitten in der Nacht höre ich sie schreien. Sie ist auf dem Klo zusammengebrochen. Vorsichtig trage ich sie zurück ins Bett und rufe die Rettung. Diagnose: Oberschenkelhalsbruch. Mutter lernt, mit Krücken zu gehen. Weil sie ein Leichtgewicht ist, kommen wir gut zurecht – und ich gebe ihr den Spitznamen „Knochi".

Doch dann stürze ich selbst beim Langlaufen und sprenge mir das Wadenbein an. Eine Katastrophe! Wie soll ich mich um Mutter kümmern, sie tragen, einkaufen gehen und Auto fahren? Der persische Orthopäde will mir einen schweren Gips mit Stöpsel verpassen. Ich gebe ihm hundert Schilling und er legt mir einen Leichtgips an. So kann ich Sandalen anziehen und mich bewegen. Der Fall ist erledigt. Mit 84 Jahren bricht sich Mutter erneut den Oberschenkelhals. Ich kann sie zuhause nicht mehr pflegen, sagen die Ärzte. Edith und ich bringen sie ins Altersheim am Tabor. Mutter ist damit nicht einverstanden. Noch am selben Tag stirbt sie an einem Herzkasperl.

***

Der Eiserne Vorhang ist gefallen. Edith, Albin und ich fahren mit anderen Sudetendeutschen noch einmal nach Gablonz. Hässliche Plattenbauten haben schöne Häuser ersetzt, Straßen sind weggerissen worden. Trotzdem kommen Erinnerungen hoch. Bei Onkel Willis ehemaliger Landwirtschaft brüllt mich einer an: „Was wollen Sie da? Schauen Sie, dass Sie weiterkommen!" Wütend antworte ich auf Tschechisch, dass er seine Pappen halten soll. Ich hab' ihm ja nichts getan. Bei meinem Elternhaus werden gerade neue Gasleitungen gelegt. Dort fragt mich ein Tscheche, ob ich zurückkehre. Ich schüttle den Kopf und er winkt mich erleichtert herbei: „Kommen Sie herein, ich zeig' Ihnen alles." Aber ich will nichts wissen. Der Blick von außen genügt mir. Es ist das letzte Mal, dass ich meine alte Heimat besuche.

***

Albin lebt vierzig Jahre lang für seine Firma. Er entwirft 50.000 verschiedene Modelle und beschäftigt zeitweise mehr als 120 Frauen und Männer. Sein Schmuck bringt zweistellige Millionenumsätze ein und wird weltweit exportiert. Zur richtigen Zeit verkaufen Albin und seine Brüder die Firma. Hersteller aus Ostasien kopieren seine Modelle und Gusstechniken verdrängen den gelöteten Schmuck. Die Blütezeit der Gablonzer Industrie in Enns ist vorbei. Als Pensionist richtet Albin ein kleines Schmuckmuseum in seinem Haus ein.

Er trifft sich oft mit seinen Brüdern und ehemaligen Gablonzern. Mit dem Drogisten Hans und seiner Frau Rosa machen Edith und Albin Urlaub in Lignano. Der wöchentliche Gang zum Friedhof ist Albin heilig. Er besucht seine Mutter, Dietmar – und seinen Bruder Hartwig. Sie liegen alle im selben Grab. Denn Georg hat Hartwigs sterbliche Überreste von Gablonz nach Enns überführen lassen.

Albin ist in der Pfarre aktiv und kümmert sich um die Goldfische im Gartenteich. An der Wohnzimmerwand hängt die Geige, die er als Kind in Gablonz gespielt hat. Wenn ihn Schulkinder auf seinen amputierten Arm ansprechen, erzählt er ihnen unverblümt seine Kriegsgeschichte.

Er freut sich, wenn er beim „Mensch ärgere dich nicht" seine Enkelkinder „in die Pfanne hauen" kann. Je nach Farbe der Spielfiguren droht er mit der „Roten Armee" oder der „Gelben Gefahr". Wenn er mit Edith zankt, dichtet er ein Ziegenlied aus der alten Heimat um: „An meiner Frau hab' ich so viel Freude. Sie ist ein wunderschönes Weib ... Meck. Meck. Meck. Meck."

***

Edith arbeitet zunächst für Albin. Dann soll sie zuhause bei den Töchtern bleiben. In den 80ern hilft sie, das geplante Atomkraftwerk in St. Pantaleon zu verhindern. Sie lässt sich von Albin zu Vorträgen nach Linz fahren und zwingt ihn, das Pickerl „Atomkraft. Tod auf Raten" auf seinen Firmenwagen zu kleben. In der Siedlung lachen sie Edith dafür aus. Das Schwimmbecken im Garten lässt sie zuschütten. Darauf kommt eine Gartenhütte mit Erdkeller. Dort lagert sie ihr selbst angebautes Gemüse. „In einer Handvoll Kompost leben mehr Mikroorganismen als Menschen auf der Erde!" In ihrem nächsten Leben will sie Biologie studieren. Hoffentlich kommt sie nicht als Nacktschnecke zurück. Die murkst Edith in ihrem Beet regelmäßig mit dem Messer ab. Die toten Schnecken werden über Nacht von ihren lebenden Artgenossen gefressen. Das fasziniert Edith.

Sie genießt den Wohlstand und nimmt zu: „Aber mit Wonne!" Im hohen Alter spricht Edith mit ihren Pflegerinnen aus der Slowakei wieder Tschechisch. Vom Krieg will sie nichts mehr wissen – bei Dokumentationen im Fernsehen schaltet sie weg. Albträume von der Aussiedlung plagen sie aber ihr Leben lang.

***

Ich war früher lustiger, sagen die Leute. Ich hab' mehr gesungen und gelacht. Im Alter bin ich ruhiger geworden. Trotzdem habe ich mir noch die Welt angeschaut. Ich bin öfters auf Ischia gewesen, auch in Mexiko und Kuba. Und ich hab' noch einen Mann kennengelernt. Ernst ist verwitwet gewesen. Wir haben uns ein paar Jahre lang verabredet, Ausflüge und Reisen gemacht. Es ist eine schöne Zeit gewesen. Doch seine Kinder haben Angst gehabt, dass es ihm mit uns zu ernst wird. Dann wären sie um ihr Erbe umgefallen. Sie haben mir gezeigt, dass ich unerwünscht bin. Also habe ich die Beziehung beendet. Kurze Zeit später ist Ernst gestorben.

Auf meinem Balkon trocknen die alten Palmers-Handtücher. Meine Damen würden schmunzeln, wenn sie die Tücher mit dem grünen Streifen sehen würden. Aber sie erfüllen noch immer ihren Zweck. Ich verwende auch die alten Reindln aus Gablonz. Diese Dinge dienen dir, hat mir Mutter beigebracht. Sie sind mein Heiligtum. Ich kann auch kein Essen wegwerfen. Im Krieg haben wir so viel Hunger gehabt, dass wir jedes Brotrinderl am Boden gegessen haben. Wenn ich bei Kaffeerunden von Gablonz erzähle, verfalle ich manchmal ins Tschechische. Das Zeitungspapier schneide ich nach wie vor in Streifen. Damit lässt sich am Klo Großes besser runterspülen. Gegen den Geruch zünde ich ein Streichholz an.

Bekannte gleichen Alters begrüße ich auf der Straße verwundert mit „Jössas na, Sie leben auch noch?" Die meisten kennen mich noch aus dem Geschäft – für sie bleibe ich die „Frau Inge". Mein Begräbnis habe ich längst über den Sterbeverein organisiert und am Friedhof Ordnung gemacht. Nach den Ohren lassen mich nun die Augen im Stich – und es kommt vor, dass ich Nasentropfen in die Augen tropfe und Augentropfen in die Nase. An meinem 88. Geburtstag lache ich aus der Kronen Zeitung. Meine Großneffen haben ein Inserat geschalten.

Nachts stehe ich mit meinem Glühwürmchen am Balkon. Dann frage ich mich, wie es nach dem Tod weitergeht. Ich werde das Beste daraus machen.

Familienporträt aus Gablonz: Mutter Marie, Edith, Inge und Vater Rudolf

Inge bei der Firmung mit ihrer „Wahltante" Margit aus dem Lederwarengeschäft

Die beiden Schwestern Inge und Edith in Zittau (1938)

Edith beim Reichsarbeitsdienst vor ihrem Lager bei Böhmisch Leipa (1940)

Albin lässt seinen Armstumpf im Lazarett Bad Schwallbach ausheilen (1942)

Edith und Albin (mit Armattrappe) heiraten in Gablonz in der Herz-Jesu-Kirche. Wegen Fliegeralarms kommen sie zu spät zum Standesamt (1944)

Inge mit Fuchsl

Dietmar und sein Kinderwagen haben beim Schmuggeln geholfen (1945)

Die Baracke neben dem Schloss Losensteinleiten dient Albin als Werkstatt und Wohnung (1949)

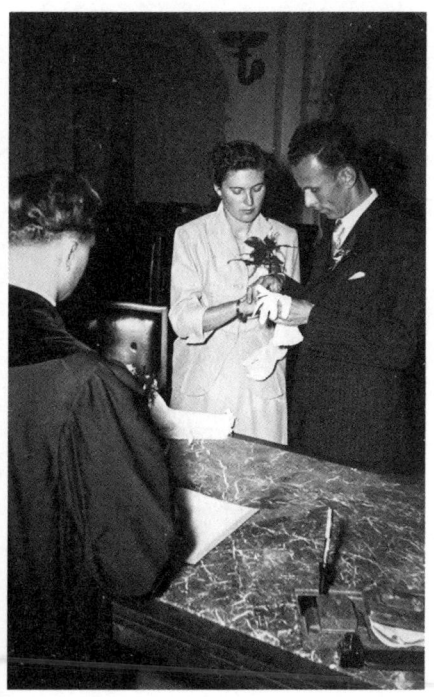

Inge und Herbert heiraten in Steyr (1952)

Inge bei Palmers (1955-1982)

Florian Kobler
Pater Martin
Die besten Geschichten
 Kurzgeschichten
Format: 14 x 21,6 cm,
Paperback, 128 Seiten

ISBN: 978-3-99025-462-2

Pater Martin ist für seine humorvollen Abenteuer bekannt. In seinen Büchern erzählt der außergewöhnliche Franziskaner Geschichten, wie der Mensch mit Gottvertrauen leben kann. Berichte über Martins Leben und seine Erzählungen regen vor allem zum Lachen aber auch zum Nachdenken an.

Fotonachweis: © Adobe Stock S. 198/199 Eugene B-sov (Landkarte)